Dr. Hans Crüger

# Anleitung zur Gründung von Handwerkergenossenschaften.

# Handbibliothek

für das

# Deutsche Genossenschaftswesen.

Unter Mitwirkung

von

Dr. Alberti-Wiesbaden, Häntschke-Charlottenburg, Klinkert-Breslau, Oppermann-Magdeburg, Parisius-Charlottenburg, Proebst-München, Dr. Schneider-Potsdam, Siebert-Berlin, Stoeckel-Insterburg, Thorwart-Frankfurt a. M., Vollborn-Friedenau, Wohlgemuth-Berlin

herausgegeben

von

Dr. Hans Crüger,
Anwalt des Allgemeinen Verbandes der auf Selbsthilfe beruhenden deutschen Erwerbs- und Wirthschaftsgenossenschaften.

---

## Sechster Band:

## Anleitung zur Gründung von Handwerkergenossenschaften.

Berlin.
J. Guttentag, Verlagsbuchhandlung,
G. m. b. H.
1900.

# Anleitung zur Gründung
von
# Handwerkergenossenschaften
nebst
## Statuten, Geschäftsanweisungen und Formularen
für den
## Verkehr mit dem Registergericht.

Von

**Dr. Hans Crüger,**

Anwalt des Allgemeinen Verbandes der auf Selbsthilfe beruhenden deutschen Erwerbs- und Wirthschaftsgenossenschaften.

Berlin.
J. Guttentag, Verlagsbuchhandlung,
G. m. b. H.
1900.

# Vorwort.

Auf den diesjährigen Kongressen der Innungen, Gewerbevereine, anf den Handwerkertagen aller Art stand neben der neuen Handwerker-Organisation im Vordergrund der Verhandlungen **die genossenschaftliche Organisation des Handwerks.** Fast ausnahmslos wurde die große Bedeutung derselben zur Hebung der Leistungsfähigkeit des Handwerks gegenüber der Konkurrenz der Fabriken und Magazine anerkannt und von verschiedenen Seiten wurde der Unterzeichnete um Rath und Auskunft für die Gründung solcher Genossenschaften ersucht. Dies bestimmt ihn, die Rathschläge der Allgemeinheit zugänglich zu machen. Wohl fehlt es nicht an Büchern, aus denen die Handwerker die gewünschte Auskunft entnehmen könnten, doch das Material ist durch viele Bücher und Anweisungen zerstreut und hier handelt es sich darum, in knapper Form dem Handwerker vor Augen zu führen, was er für die Gründung und Organisation einer Handwerkergenossenschaft unbedingt wissen muß, ihm Muster für Statuten und Geschäftsanweisungen zu geben, ihm mit den wichtigsten Formularen für den Verkehr mit dem Gericht an die Hand zu gehen.

Die nachfolgenden Darstellungen sind zum größten Theil früheren Arbeiten des Unterzeichneten entnommen, die hier dem gegenwärtigen Zweck angepaßt werden. Als Muster für Statuten und Geschäftsanweisungen dienen die Muster-Statuten und Muster-Geschäftsanweisungen, die der Allgemeine Verband der auf Selbsthilfe beruhenden deutschen Erwerbs- und Wirthschaftsgenossenschaften herausgegeben hat und die für diese Anleitung einer Revision unterzogen wurden. Die Formulare für den Verkehr mit dem Gericht sind entnommen dem von Parisius und dem

Unterzeichneten herausgegebenen Formularbuch zum Reichsgesetz, betreffend die Erwerbs- und Wirthschaftsgenossenschaften, das den Genossenschaften wesentlich den Verkehr mit dem Registergericht erleichtert, ihm wurden die Formulare nur in soweit entlehnt, als es durch den Zweck des gegenwärtigen Buches geboten erschien.

Möge das kleine Buch beitragen zur Gründung zahlreicher Handwerkergenossenschaften und damit zur Kräftigung und wirthschaftlichen Hebung des deutschen Handwerks.

Charlottenburg, im November 1899.

Dr. **Hans Crüger.**

# Inhaltsverzeichniß.

# I. Ueber die wirthschaftliche Bedeutung und Organisation der Handwerkergenossenschaften.

„Wohl ist das allgemeine Gefühl, welches den ganzen Handwerkerstand gegenwärtig durchdringt: das Gefühl von der völligen Unhaltbarkeit seiner Stellung gegen die jetzt im Verkehr zur Geltung kommende Mächte, das Kapital und die Fabrikindustrie, nur allzu begründet. Alle sind darüber einig, daß man nicht so stehen bleiben könne. Anstatt sich über die Eingriffe der Fabrik und des Handels, über die Uebermacht des Kapitals zu beklagen, sollte man sich lieber selbst der Vortheile des fabrikmäßigen, des kaufmännischen Betriebes bemächtigen und sich das Kapital nutzbar machen." Mit diesen Worten wandte sich Schulze-Delitzsch im Jahre 1853 an die deutschen Handwerker und empfahl ihnen die „Associationen mit der ganzen Macht und Fülle ihres Prinzips". Im Frühjahr 1899 richtete der preußische Finanzminister v. Miquel ein Schreiben an die Handwerker nach Osnabrück, indem er diese darauf aufmerksam machte, daß „es heute gilt für den Handwerkerstand wie für die Bauern, durch festen Zusammenschluß diejenigen Vortheile, soweit möglich, sich anzueignen, welche das Großkapital und der Großbetrieb ihnen voraus haben", Finanzminister v. Miquel bezeichnete als die Mittel, welche „den Mittelstand auch heute noch erhalten und stärken, wie dies die ländlichen Genossenschaften täglich zeigen: die Bildung von Kreditgenossenschaften, den genossenschaftlichen Einkauf von Rohmaterialien, wo es möglich ist, den genossenschaftlichen Verkauf, ja, soweit die Verhältnisse es gestatten, Bildung gemeinsamer Werkstätten unter Benutzung von Dampfmaschinen und anderer Motoren, jedenfalls Verwendung in der eigenen Werkstatt" (neben tüchtiger Vorbildung, guter Buchführung, energischer Mitarbeit des Meisters), denn „die Zeit der Privilegien und Monopole ist vorbei! Die durch die Gesetzgebung gegebenen Organisationsrahmen haben nur Werth, wenn sie durch Selbsthilfe und wirthschaftliche Energie ausgefüllt werden. Vorwärts, nicht rückwärts muß der Handwerker blicken, dann wird sein Ringen auch mehr Verständniß finden, sein Werth für die heutige Gesellschaft wird besser erkannt und sein Streben mehr als bisher auch von den übrigen Klassen der Bevölkerung unterstützt werden."

Ebenso und ähnlich gehen die Mahnungen anderer Staatsmänner an die Handwerker und der Verlauf der diesjährigen Handwerkertage zeigt, daß die Handwerker das ernste Streben haben, den Weg der genossenschaftlichen Organisation zu gehen, der von einzelnen Handwerkern schon seit Jahrzehnten mit Erfolg beschritten ist.*)

Durch die Genossenschaft soll der Handwerker mit den gleichen wirthschaftlichen Waffen ausgerüstet werden, die heute den Großbetrieb zum Siege führen. Der Schwache muß sich dem Starken anpassen, soll er im wirthschaftlichen Leben nicht unterliegen. Sind die Kräfte des Einzelnen nicht ausreichend, um gegenüber dem Starken die Selbständigkeit mit Erfolg zu vertheidigen, so muß es zum Zusammenschluß der Einzelnen kommen, vereinte kleine Kräfte geben eine große Kraft.

Zu den Kreditgenossenschaften**) vereinigen sich die Angehörigen aller Berufsstände, um die in Gewerbe und Wirthschaft der Mitglieder nöthigen Geldmittel zu gewinnen. Von so großer wirthschaftlicher Bedeutung aber auch die Kreditgenossenschaft für den Handwerker ist, indem sie ihm das für seinen Betrieb nothwendige Betriebskapital beschafft, die Kreditgenossenschaft allein ist nicht im Stande, den Handwerker dem Großbetriebe konkurrenzfähig zu machen. Und die „Hebung der Konkurrenzfähigkeit der Handwerker" sollte auf dem Banner stehen, unter dem sich alle Handwerker und Handwerkerfreunde vereinigen, mögen sie sonst

---

*) Vergl. die von dem Anwalt des Allgemeinen Verbandes der auf Selbsthilfe beruhenden deutschen Erwerbs- und Wirthschaftsgenossenschaften herausgegebenen Jahresberichte (Verlag von J. Guttentag, Berlin), die die Listen der bestehenden Handwerkergenossenschaften und die Statistik der Geschäftsergebnisse verschiedener Handwerkergenossenschaften enthalten.

**) Vergl. Dr. Hans Crüger, Vorschuß- und Kredit-Vereine als Volksbanken (J. Guttentag, Berlin).

jede beliebige politische und wirthschaftliche Richtung haben, selbst die Freunde des Befähigungsnachweises, der obligatorischen Innung finden hier ihren Platz, denn es gilt, den Handwerkern eine dem Großbetriebe ebenbürtige Betriebsweise zu verschaffen.

Und dies Ziel ist zu erreichen, vorausgesetzt nur, daß die Handwerker den guten Willen haben, daß sie von dem Gefühl der Zusammengehörigkeit nicht blos in Worten, sondern auch in Thaten beseelt sind — der Weg zu dem Ziele ist die genossenschaftliche Organisation der Geschäftsbetriebe.

Für jeden Handwerker kommt es darauf an, beim Einkauf der Rohstoffe, bei Anwendung der Maschinen, beim Verkauf der Waaren der Produktionsweise des Großbetriebes ähnliche Bedingungen zu erreichen.

Betrachten wir dies kurz im Einzelnen.

## 1. Rohstoffgenossenschaften.

Baarzahlung und großer Bedarf sind zwei Momente, welche für den Einkauf von Waaren von größter Bedeutung sind. Nimmt der Käufer den Kredit beim Händler in Anspruch, so muß er in der Regel nicht bloß einen theureren Preis bezahlen, als bei baarem Kauf, sondern läuft auch bekanntlich Gefahr, dauernd an seine Lieferanten gebunden zu werden, da der Kredit schnell anwächst; und je größer derselbe wird, desto schwerer wird die Tilgung, desto größer die Rücksichtnahme auf den Lieferanten. So segensreich der Kredit überhaupt für das gesammte Verkehrsleben ist, so verhängnißvoll und gefährlich ist der Waarenkredit. Wenn nun heute eine große Anzahl der Handwerker nicht gegen baar kauft, da sie angeblich nicht die Betriebsmittel besitzen, so tragen sie meist selbst daran die Schuld; mögen sie sich der Kreditgenossenschaft anschließen, bei der sie einen ihren Verhältnissen entsprechenden Kredit finden, um so in die Lage zu kommen, durch Empfang eines Vorschusses, durch Verwerthung der Außenstände über die nothwendigen baaren Mittel zu verfügen.

Fast ebenso wichtig wie der Einkauf gegen baar ist aber der Einkauf in größeren Partieen. Ein jeder Handwerker weiß, daß ihm bei größeren Einkäufen günstigere Bedingungen gestellt werden, daß er oft dann nicht blos billiger kauft, sondern auch bessere

Qualitäten erhält. Daraus ergiebt sich, daß, wenn der einzelne Handwerker für seinen kleinen Betrieb nicht große Partieen kaufen kann, er sich zu diesem Zwecke mit seinen Gewerbegenossen vereinigen sollte — zum gemeinschaftlichen Einkaufe, zur Rohstoffgenossenschaft. Auf irriger Voraussetzung beruht die Annahme, daß die Kreditgenossenschaft den Rohstoffverein ersetze, es ist dies unrichtig, weil erstere nur den baaren Einkauf ermöglicht, also bei den meisten Handwerkern nur die eine Bedingung des günstigen Einkaufes erfüllt, es muß noch der Rohstoffverein zum „Großeinkauf", zum gemeinsamen Bezuge hinzutreten.

Ohne auf Einzelheiten einzugehen, mögen hier die wesentlichsten Vortheile der Rohstoffgenossenschaft aufgezählt werden.

Sie sind natürlich am größten für den Handwerker mit kleinem Betriebe: Die Rohstoffgenossenschaft gestattet demselben, die Rohstoffe, Halbfabrikate zu Preisen einzukaufen, wie sie dem Großindustriellen gestellt werden, und da im Großen eingekauft wird, steht den Mitgliedern die beste Bezugsquelle, die beste Qualität zur Verfügung.

Dazu kommen für alle betheiligten Handwerker — auch die mit großem Betriebe — als Vortheil dieser Genossenschaft in Betracht:

Die Mitglieder brauchen kein oder nur ein kleines eigenes Lager zu halten, die Rohstoffgenossenschaft ist ihr Lager; damit ersparen sie nicht allein die oft große Miethe für Lagerräume, sondern insbesondere auch in Waaren zinslos liegendes Kapital, sie sparen die Mühe der Aufstapelung, der Aufbewahrung, die Sorge, daß die Rohstoffe nicht durch Lagerung minderwerthig werden. In jedem Gewerbe giebt es Rohstoffe von höherem Werthe, leicht verderblicher Natur — sie brauchen nicht auf Lager genommen zu werden; das Mitglied braucht sich nicht mit dem Risiko der Spekulation zu belasten, braucht nicht sein Lager mit Vorräthen zu versehen, für die vielleicht gar kein Bedarf ist. Die gleichen wirthschaftlichen Interessen führen die Mitglieder zusammen, sie lernen sich kennen, unmittelbar werden sie darauf hingeführt, gemeinsam die Angelegenheiten ihres Gewerbes zu verfolgen, gemeinsam vorzugehen und zu handeln. Da der Verkauf zu Marktpreisen erfolgt, muß, wenn nicht ganz besondere Unglücksfälle eingetreten sind — wie sie auch den Einzelnen treffen können — nach Deckung der verhältnißmäßig geringen Unkosten ein Ueberschuß erzielt sein. Von diesem Ueberschuß erhalten die Mitglieder für ihre Kapitalbetheiligung eine begrenzte Dividende, der Rest wird unter sie nach Verhältniß der Einkäufe vertheilt. Ein jedes der Mitglieder ist Sachverständiger in seinem Berufe, es kennt die Rohstoffe; hält man sich von Spekulation fern, so kann es an günstigen Einkäufen nicht fehlen; stellt sich ein Einkauf gelegentlich auch ungünstig, so ist doch bei den guten Einkäufen der Verkauf zu Marktpreisen geschehen, das Risiko also hat sich vertheilt, und so ist nicht mehr jeder Handwerker für sich allein den Schwankungen der Preise ausgesetzt, die Rohstoffgenossenschaft bildet nach dieser Richtung hin für ihn gewissermaßen eine Versicherung.

Weswegen erreichen nun diese Genossenschaften trotz ihrer großen Bedeutung für das Handwerk bisher eine so geringe Verbreitung? Die „Großhandwerker" finden in denselben angeblich einen zu geringen Nutzen, sie *kennen* den wahren Nutzen aber *nicht* und übersehen, daß die Hebung der „Kleinhandwerker" für sie selbst von großem Werthe ist, denn dieselbe entzieht der Schleuderkonkurrenz die Hilfstruppen; der „Kleinhandwerker" aber fühlt sich der Gründung der Genossenschaft nicht gewachsen. Am meisten jedoch fürchtet ein jeder, dem Nachbarn einen Einblick in seine Thätigkeit zu gewähren. *Zur Gründung also fehlt dann guter Wille und genossenschaftlicher Geist, genossenschaftliche Schulung. Nicht im System beruhen die Schwierigkeiten, sondern in äußeren Umständen.* Die Schwierigkeiten sind daher zu überwinden.

Völlig unbegründet ist die Furcht, daß die Rohstoffgenossenschaft den Einzelnen zwinge, seine Selbständigkeit aufzugeben — im Gegentheil, sie will dieselbe erhalten und festigen, wie die Kreditgenossenschaft. Die Mitgliedschaft bei der einen wie bei der anderen läßt den Meister selbständig in seiner Werkstatt, sie soll ihm nur die Mittel für den rationellen Betrieb der Werkstatt liefern.

Spricht man mit Handwerkern über die Gründung einer Rohstoff-Genossenschaft, so machen sich dieselben wohl Sorge über die Beschaffung der ersten Betriebsmittel, und doch ist dies nicht schwer, wenn man nur gewillt ist, klein anzufangen und die Genossenschaft von unten herauf sich entwickeln zu lassen; es bedarf keiner prächtig ausgestatteten Verkaufsräume, eine einfache Lagerstelle genügt, die Geschäftsstunden können auf bestimmte Tage und Stunden beschränkt sein, so haben die heute gedeihenden Rohstoff-Genossenschaften begonnen. Die erste Einrichtung erfordert also kein großes Kapital und ebenso ist der Betrieb mit verhältnißmäßig geringen Mitteln zu bestreiten; in soweit nicht durch die Einzahlungen auf Geschäftsantheile bereits genügende Mittel eingekommen sind, ist der Rest auf den Kredit der Genossenschaft bei Kreditgenossenschaften aufzunehmen. Einer richtig organisirten Genossenschaft, an deren Spitze Männer stehen, die das öffentliche Vertrauen genießen, hat es noch nie an Kredit gefehlt; die Handwerker müßten endlich durch die Erfahrung gelernt haben, daß an Mangel von Kapital noch nie die Gründung einer Genossenschaft gescheitert ist. Ließen sich guter Wille, genossenschaftlicher Geist für die Verwaltung und Mitgliedschaft ebenso leicht beschaffen, wie Kapital, das ganze Handwerk würde bereits genossenschaftlich organisirt sein.

Was die Beschaffung der Waaren anbelangt, so wird es am zweckmäßigsten sein, wenn man hier mit Massenartikeln beginnt und allmählich zur Führung werthvollerer Waaren übergeht. Die Menschen sind einmal so, daß sie möglichst schnell Erfolge, und seien sie auch gering, sehen wollen, daher wird man mit Waaren anfangen, die einen Nutzen beim gemeinschaftlichen Bezug in ziemlich sichere Aussicht stellen, jeder Beruf hat solche Artikel. Wenn irgend möglich, ist es zu vermeiden, die Waaren auf Borg zu kaufen, es ist besser, man wartet einige Zeit mit der Eröffnung des Geschäfts und sammelt zunächst Einzahlungen der Mitglieder auf Geschäftsantheil an, die dann noch fehlenden Mittel werden sich ohne große Schwierigkeiten bei einer leistungsfähigen Kreditgenossenschaft beschaffen lassen. Der größte Theil der Mitglieder wird gewiß schon mit einer solchen Genossenschaft in geschäftlicher Verbindung stehen, und diese hat doch selbst das größte Interesse an der wirthschaftlichen Hebung ihrer Mitglieder, so daß eine zielbewußte Verwaltung daher zweifellos dem Rohstoffverein einen angemessenen Kredit zur Verfügung stellen wird, um diesen der Nothwendigkeit zu entheben, die Waaren auf Borg zu entnehmen.

Ist das Geschäft erst im Gange, so hängt das Gedeihen hauptsächlich von dem Verhalten der Mitglieder ab, daß diese sich nicht durch Versprechungen von Lieferanten zur Wahrnehmung augenblicklicher scheinbarer Vortheile bestimmen lassen, der Genossenschaft untreu zu werden, daß auch ein jedes seine Rechte in der Genossenschaft wahrnimmt, und sich stets bewußt bleibt, daß die Genossenschaft auf dem gemeinschaftlichen Geschäftsbetriebe der Mitglieder beruht! Und damit kommen wir zu der Verwaltung der Genossenschaft. Dieselbe ist ähnlich der der Kreditgenossenschaft: die Leitung liegt in den Händen des Vorstandes, zur Kontrole besteht der Aufsichtsrath, die Mitglieder üben ihre Rechte in der Generalversammlung aus, wie wir es unter V darstellen werden und wie es sich aus dem unter VII mitgetheilten Entwürfen von Statuten und Geschäftsanweisungen ergiebt. Es wird natürlich ein vollkommen uneigennütziges Verhalten von Vorstand und Aufsichtsrath gefordert, nur die Interessen der Genossenschaft dürfen sie im Auge behalten, sie müssen jeder versuchten Bestechung durch Lieferanten, jeder Wahrnehmung persönlicher Vortheile aus ihrer leitenden Stellung unzugänglich sein. Deswegen aber müssen auch die Mitglieder ein wachsames Auge haben, prüfen und sorgen, daß überall Ordnung herrscht.

Der Vorstand hat die Leitung, ihm liegt daher auch der Waareneinkauf ob; nur für bestimmte Fälle wird man ihn zweckmäßigerweise an die Genehmigung des Aufsichtsraths binden, wie es überhaupt wie bei der Kreditgenossenschaft nothwendig ist, den Aufsichtsrath, ohne ihm natürlich die Geschäftsführung selbst zu übertragen, doch an derselben so weit theilnehmen zu lassen, daß er fortlaufend über den Gang des Geschäfts unterrichtet ist und sich in der Lage befindet, rechtzeitig alle die Maßregeln einem leichtfertigen Vorstande gegenüber zu ergreifen, welche zur Sicherheit der Genossenschaft geboten sind. Bei der Auswahl und der Festsetzung des Betrages der für die Genossenschaft einzukaufenden Rohstoffe, bei der Festsetzung der Verkaufspreise wird dem Aufsichtsrath ein Mitbestimmungsrecht einzuräumen sein. Da der Rohstoffverein nicht darauf gerichtet ist, Kunden anzuziehen, er also kein Interesse daran hat, andere Geschäfte zu unterbieten, sollen die Marktpreise der Waaren für die Verkaufspreise maßgebend sein —

den Ueberschuß erhalten ja die Mitglieder nach Verhältniß der Einkäufe zurück.

Auf Handwerkertagen ist zuweilen die mit der Buchführung verbundene Arbeit als ein Hinderniß für die Gründung solcher Genossenschaften hingestellt. Es mag demgegenüber darauf hingewiesen werden, daß doch in einer nicht geringen Anzahl von Handwerkergenossenschaften sich Handwerker in die Buchführung hineingearbeitet haben, daß die Kreditgenossenschaften mit weit schwierigerer Buchführung auch in der Regel von Handwerkern gegründet sind.*)

Eine der wichtigsten Stellen in der Rohstoff-Genossenschaft nimmt der Verkäufer ein, man wird bei größerem Betriebe die Stelle durch einen vom Vorstande angestellten Lagerhalter besetzen. Die Regelung des Verhältnisses des Lagerhalters zur Genossenschaft ist für deren Entwicklung von geradezu entscheidender Bedeutung, und bei nicht wenigen der wieder eingegangenen Rohstoffvereine ist der Verfall darauf zurückzuführen, daß dem Lagerhalter mehr Rechte eingeräumt wurden, als mit seiner Stellung verträglich waren. Giebt man dem Lagerhalter weitgehende Befugnisse, gestattet man ihm sogar, den Mitgliedern auf eigene Rechnung Waaren zu kreditiren oder neben den Waaren der Genossenschaft noch Artikel für eigene Rechnung zu führen, so werden die Mitglieder schließlich in dem Lagerhalter den thatsächlichen Geschäftsinhaber erblicken, und dieser wird dies Verhältniß dazu benutzen, um bei passender Gelegenheit sich selbständig zu machen und die Mitglieder als Kunden zu sich herüberziehen, wozu ihm der denselben gewährte Kredit noch eine überaus bequeme Handhabe bietet. Dem Lagerhalter dürfen daher unter keinen Umständen besondere Rechte und Befugnisse übertragen werden, es muß auch bei den Mitgliedern darüber kein Zweifel entstehen, daß sie in ihm nur den Verkäufer, den Angestellten der Genossenschaft zu sehen haben. Jedes Hinausgehen über diese Stellung kann der Genossenschaft verhängnißvoll werden.

---

*) Vergl. Crüger und Jaeger, Rohstoffgenossenschaften der Handwerker und Anleitung zur Buchführung einer Rohstoffgenossenschaft (Verlag von J. Guttentag). Rodegast, Praktische Winke für die Gründung und Geschäftsführung von Rohstoffgenossenschaften für Schuhmacher und andere Handwerker (Berlin).

Für die Geschäftsführung ist dann als Grundsatz noch festzuhalten, daß man beim Einkaufe der Waaren stets im Auge behalten muß, daß ein häufiger Umsatz für die Genossenschaft außerordentlich gewinnbringend ist; hat die Genossenschaft erst einige Jahre gearbeitet und sich in der Geschäftswelt Vertrauen erworben, dann wird es ihr auch sogar gelingen, Waaren kommissionsweise zum Verkauf an die Mitglieder zu erhalten.

Die wichtige Frage der Preisbestimmung hat bereits ihre Beantwortung gefunden: Verkauf zum Marktpreise, so daß nach Deckung der Unkosten ein Ueberschuß erzielt wird, ist der in der Praxis bewährte Grundsatz. Ganz besondere Berücksichtigung verdienen die Bestimmungen des Muster-Statuts über die Bezahlung der Waaren durch die Mitglieder, denn die Abgabe von Waaren an die Mitglieder auf Kredit ist schon mancher Rohstoff-Genossenschaft verhängnißvoll geworden. Unter keinen Umständen sollten die in dem Muster-Statut für die Kreditgewährung gezogenen Grenzen überschritten werden.

Zum Schluß mag noch die Frage erledigt werden, ob eine Ausdehnung des Verkaufs an Nichtmitglieder im Interesse der Genossenschaft gelegen ist. Das Genossenschaftsgesetz gestattet es, daß das Statut eine solche Ausdehnung des Geschäftsbetriebes vorsieht, und es mag auf den ersten Blick dies auch vortheilhaft erscheinen — nähere Prüfung ergiebt das Gegentheil. Nicht nur, daß in den meisten deutschen Staaten die Genossenschaft dann ein steuerpflichtiger Betrieb für jede Steuer wird, ist auch zu bedenken, daß der Verkauf an Nichtmitglieder die Genossenschaft auf eine ganz andere wirthschaftliche Grundlage stellt, die Genossenschaft wird damit ein konkurrirendes Handelsgeschäft, sie verläßt die ursprüngliche Bahn, etwaigem größeren Gewinne steht das größere Risiko gegenüber, und auf eine Vermehrung der Mitglieder ist kaum noch zu rechnen, während doch nur die Mitglieder zu den treuen und zuverlässigen Kunden zu zählen sind, da sie auch persönlich mit der Genossenschaft eng verbunden sind. Der Verkauf an Nichtmitglieder kann daher niemals empfohlen werden.

## 2. Magazingenossenschaften.

Fort und fort ertönen die Klagen der Handwerker über die Konkurrenz der Magazine. Sie sind erklärlich, und doch kauft die Handwerkerfrau selbst oft lieber in einem den verwöhntesten Ansprüchen entsprechend ausgestatteten Bazar, auf dem die reichste Auswahl der Waaren in hübscher Ausstattung dem Käufer geboten wird, als in einem engen Handwerkerladen, wo eine geringe Auswahl sich dem Käufer bietet. Wie soll nun aber der Handwerker einen ähnlichen Laden errichten? Woher soll der einzelne Meister das Kapital nehmen, um die auf einem großen Magazin lastenden Spesen zu bestreiten, wie die Mittel aufbringen, um den dem Magazin entsprechenden Vorrath an Waaren herzustellen? Doch damit nicht genug: Das Publikum ist heute gewöhnt, die verschiedenartigsten Waarengattungen in einem Lager vereinigt zu finden, es will nicht mehr von Laden zu Laden gehen. Wie soll der einzelne Handwerker bei solchen Anforderungen die Konkurrenz aufnehmen? Wir haben die Frage schon beantwortet, es giebt wieder nur einen Weg: Die Bildung von Magazingenossenschaften, von Gewerbehallen. Der Handwerker muß „magazinfähig" werden. In dem Hinweise auf die Möglichkeit, durch die Magazingenossenschaft den Bazaren konkurrenzfähig zur Seite zu treten, liegt bereits die Hervorhebung der Bedeutung, welche diese Genossenschaft für den Handwerker hat.

Nur wenn eine solche Organisation vorhanden ist, ist es der großen Mehrzahl der Handwerker möglich, sich an Ausstellungen zu betheiligen, in den Wettbewerb um größere Bestellungen bei Submissionen einzutreten, wie sie der Bau von Staatsgebäuden u. s. w. mit sich bringt: wie sollte bei Vergebung größerer Arbeiten der einzelne Meister allein darauf rechnen können, Arbeit übertragen zu erhalten, ein beachtenswerthes Gebot zu machen? Haben die Meister dagegen sich zur Magazingenossenschaft vereinigt, so tritt diese als Bewerberin auf, und sie kann als solche dem Vergeber der Arbeit auch Garantie für die Ausführung bieten, sie kann eine größere Bestellung übernehmen, tritt ebenbürtig zu kapitalkräftigen Unternehmern in Wettbewerb, verschafft ihren Mitgliedern die unmittelbaren Vortheile ihrer Arbeit. Hier bietet sich der Weg zu einer theilweisen Sicherung der Submissions-Frage.

In der Regel wird sich die Magazingenossenschaft auf die Meister eines bestimmten Gewerbes beschränken, doch wo irgend die Verhältnisse dazu angethan sind, erscheint es zweckmäßiger, sogleich verwandte Gewerbe zusammenzufassen.

Für die Magazingenossenschaft kommen in erster Reihe alle diejenigen Gewerbe in Betracht, deren Waaren große und angemessen ausgestattete Räume erfordern, insbesondere also Tischler und Tapezirer, und so finden wir denn in diesen Berufen die meisten Magazingenossenschaften.

Für die Verwaltung gelten im wesentlichen die gleichen Grundsätze, wie wir sie bei den Rohstoffgenossenschaften dargestellt haben, doch bedarf die Magazingenossenschaft vor allem für die Leitung einen tüchtigen Kaufmann, der mit Geschick den hier so wichtigen kaufmännischen Betrieb führt, der es versteht, für den Absatz der Waaren zu sorgen.

In der Regel liefern die Mitglieder in die Magazingenossenschaft die Waaren auf eigne Rechnung ein, sie werden dort auf ihre Rechnung verkauft und die Mitglieder erhalten dann den Kaufpreis nach Abzug eines bestimmten Prozentsatzes zur Deckung der Unkosten. Daß Vorstand und Aufsichtsrath bei der Einlieferung der Waaren das Recht der Preisbestimmung, sowie der Zurückweisung vorbehalten bleiben muß, wenn sie die Artikel als nicht geeignet für die Aufnahme erachten, ist selbstverständlich. Ebenso liegt es Vorstand und Aufsichtsrath — oder einer besonderen Kommission — ob, die im Magazin bestellten Waaren an die Mitglieder zur Arbeit zu vertheilen. — Hieraus ergiebt sich freilich, welche außerordentliche Vertrauensstellung die Mitglieder von Vorstand und Aufsichtsrath hier besitzen, und daß ihre strengste Uneigennützigkeit erforderlich ist, sollen Streitigkeiten in der Genossenschaft vermieden werden. Fast noch schwerer wird die Stellung dieser Organe, wenn die von den Mitgliedern eingelieferten Waaren in das Eigenthum der Genossenschaft übergehen oder theilweise sofort beliehen werden.

Das Endziel der Magazingenossenschaft ist natürlich, daß durch ihre Vermittelung die Mitglieder ausreichende Arbeit finden, daß eine Konkurrenz zwischen den Mitgliedern und der Genossenschaft ausgeschlossen ist, was in der ersten Zeit allerdings schwer durchführbar sein wird.

Haben wir es hier mit einer für Organisation und Geschäftsführung schwierigen Art der Genossenschaft zu thun, so ist es aber auch eine solche, welche den Handwerker dem Großbetriebe am nächsten bringt. Und dazu kommt noch, daß ganz naturgemäß sich im Anschluß an diese Genossenschaftsart die Rohstoff-Genossenschaft bildet, denn nichts ist für die Mitglieder, die sich hier geschäftlich so außerordentlich nahe getreten sind, selbstverständlicher, als der gemeinschaftliche Einkauf der Rohstoffe und Halbfabrikate, alle Vorbedingungen sind dafür gegeben.

Sind die Schwierigkeiten dieser Genossenschaft auch nicht zu unterschätzen, so sind auch ihre Vortheile für die betheiligten Handwerker um so größer. Man hört so oft von den Handwerkern auf die Empfehlungen, den Geschäftsbetrieb genossenschaftlich zu organisiren, die Einwendung, daß dem Handwerk vor allem Erweiterung des Absatzgebietes fehle, welches zum erheblichen Theil bereits an den Großbetrieb verloren sei — hier haben wir es mit einer Genossenschaftsart zu thun, die gerade diesem Zweck dient.

### 3. Werkgenossenschaften.

Es wurde soeben als sehr nahe liegend bezeichnet, daß sich an die Magazingenossenschaft die Rohstoffgenossenschaft anschließt, das Gleiche gilt für die weitere Ausbildung zur Werkgenossenschaft, indem die Magazingenossenschaft Maschinen aufstellt und deren Benutzung den Mitgliedern miethsweise überläßt.

Selbstverständlich aber ist auch die vollständig freie Bildung einer Werkgenossenschaft für die Handwerker möglich, die aus irgend welchem Grunde nicht in der Lage sind, die für einen rationellen Betrieb erforderlichen Maschinen zu erwerben, und denen auch die Gelegenheit fehlt, auf fremdem Werk die betreffenden Arbeiten ausführen zu lassen. Die Organisation ist bei dieser Genossenschaft in sofern eine einfache, als es nur einer Geschäftsordnung für die Benutzung der Maschinen bedarf. Die Thätigkeit von Vorstand und Aufsichtsrath ist eine verhältnißmäßig geringfügige, an dieselben würden nur bei komplizirtem Betriebe größere Anforderungen gestellt werden.

Man sieht mit Recht in dieser Genossenschaftsart ein sehr zweckmäßiges Mittel, um dem Handwerker eine dem Großbetriebe ähnliche Produktionsweise unter Anwendung von Maschinen zu ermöglichen. Erwägen wir, welche große Ausbreitung die Werkgenossenschaften in der Landwirthschaft unter oft schwierigeren Verhältnissen gefunden haben, so muß es auffallen, daß diese Genossenschaftsart im Handwerk noch so wenig Eingang gefunden hat.

Der Maschinenkraft wird es unfehlbar gelingen, das Hinderniß der Rückkehr zur konkurrenzfähigen Handarbeit zu beseitigen durch die Zuführung billiger mechanischer Arbeitskraft in die kleinen Werkstätten und die Wohnungen der Arbeiter. Das Endziel der Entwickelung des Zeitalters der Naturwissenschaft ist die Rückkehr zur Einzelarbeit, oder, wo es die Natur der Dinge verlangt, der Betrieb gemeinsamer Arbeitsstätten durch Arbeitsassociationen, die erst durch die allgemeine Verbreitung von Kenntniß und Bildung und durch die Möglichkeit billiger Kapitalbeschaffung eine gesunde Grundlage erhalten werden. Dieser Satz findet sich in der Rede, mit der Werner Siemens 1886 die deutsche Naturforscherversammlung begrüßte. Und wirklich sehen wir auch schon vielfach in Städten mit zentralen Kraftanlagen, daß der Handwerker in seiner Werkstatt mit Maschinen arbeitet, deren Benutzung früher nur in Großstädten möglich war. Wir finden Genossenschaften (eine Art Rohstoffgenossenschaft — hier Werkzeuggenossenschaft) zum gemeinschaftlichen Kauf von Maschinen. Dies kann unter Umständen ausreichen, für den Betrieb gewisser Gewerbe aber sind Maschinen nothwendig, deren Beschaffung dem Einzelnen zu theuer zu stehen kommt, für die er allein auch nicht die genügende Verwerthung hat. — Da ist die Bildung einer Werkgenossenschaft am Platz. Es ist erfreulich, wie gerade diese genossenschaftliche Organisation in der letzten Zeit Freunde unter den Handwerkern gefunden hat. Ueber die Entstehung der Werkgenossenschaft der Tischler in Güstrow i. M. schreibt der Begründer derselben, Senator Thode, in den Blättern für Genossenschaftswesen (1897 Nr. 23 ff.) — und wir theilen die Ausführungen hier mit, weil die Entwickelung und die Entstehung der Genossenschaft als typisch betrachtet werden und in anderen Fällen vorbildlich sein kann. —

Der Plan war der folgende:

Die Genossenschaftswerkstätte nebst Anlage sollte gerade so groß werden, daß sie dem Bedürfniß der Genossen genügte bezw. nur etwas

Reserve für Nichtgenossen übrig hatte. Sie sollte so liegen, daß sie möglichst bequem für Alle zu erreichen sei. Der aufzustellende Motor solle sich nach Zahl und Größe der aufgestellten Maschinen richten, jedoch auch eine Vergrößerung zulassen. In Bezug auf den ersten Punkt kam man aber bald dahinter, daß umgekehrt die Größe der Genossenschaft sich nach der Größe der Anlage richten muß, denn gerade die Holzbearbeitungsmaschinen sind so leistungsfähig, daß eine jede von ihnen fast die Arbeit von 20 Menschen zu leisten im Stande ist. Die Erfahrung hat diese Ansicht bestätigt und gezeigt, daß man in dieser Beziehung gar nicht vorsichtig genug sein kann. Im Anfang ist natürlich der genossenschaftliche Geist und das Verständniß noch nicht vorhanden und die Genossenschaftswerkstätte wird nur dann benutzt, wenn für den Genossen ein augenscheinlicher Vortheil sofort herausspringt; auch ist man an die alte Betriebsweise noch so sehr gewöhnt und kann sich auch noch nicht entschließen, Gesellen zu entlassen, um die Maschinen zu beschäftigen, genug, man sollte mit einer solchen Anlage, wie wir sie hier z. B. haben, nicht beginnen, bevor sich nicht die nöthige Zahl von Genossen verpflichtet hat. Die Bedingung der Rentabilität ist, daß keine Maschinen stillzustehen brauchen und daß die von der Genossenschaft beschäftigten Arbeiter viel beschäftigt sind. Geplant war die Anschaffung nachstehender Maschinen: 1 Walzenhobel, 1 Fräsmaschine, 1 Abrichthobel, 1 Bandsäge, 1 Kreissäge, 1 Langlochbohr- und Stemmmaschine, 1 Schleifmaschine und als Motor 1 Gasmotor von 8 HP.

Diese Maschinen sollten kosten 9000 Mk.

Als Betriebskosten wurden gerechnet:

| | | | |
|---|---|---|---|
| 1. Verzinsung: 6000 Mk. à 4 pCt. | = 240 Mk. | | |
| 3000 „ à 6 „ | = 180 „ | 420 | Mk. |
| 2. Amortisation und Reparaturen 10 pCt. | | 900 | „ |
| 3. Schmiermaterial und Kühlung | | 266 | „ |
| 4. Betriebsgas | | 1314 | „ |
| 5. Miethe | | 400 | „ |
| 6. Gehälter und Löhne | | 3000 | „ |
| 7. Gewinn 10 pCt. | | 900 | „ |
| | Summa | 7200 | Mk. |

Danach wurden die Maschinenstunden berechnet für 1 HP mit 60 Pfg. und es mußten, um obige Summe zu verdienen, jährlich 12000 HP-Std. geleistet werden, was pro Tag — 300 Tage gerechnet — 40 HP-Std. ergiebt, oder, die Maschine durchschnittlich zu 2 HP gerechnet, 20 Maschinenstunden pro Tag.

Dies war das Projekt, das der Tischler-Innung vorgelegt wurde. Bei den Berathungen zeigte es sich, daß gerade die kleineren Tischler, für die doch die ganze Sache geplant war, sich ihr größtentheils abgeneigt zeigten. Sie meinten, sie hätten ohnehin kaum für sich selber zu thun, womit sie denn die Maschinen beschäftigen sollten? Sie fürchteten auch wohl die Konkurrenz, die ihnen, wenn die Sache zu Stande kam, durch ihre leistungsfähigeren Kollegen entstehen würde, und Erwägungen, wie die, daß sie selber leistungsfähiger werden würden, wenn sie Genossen wären und selbst für sich allein größere Lieferungen übernehmen könnten, daß sie sich weniger mit ihren Gesellen zu plagen brauchten und von diesen unabhängiger daständen, daß sie die Maschinen als ihre Gesellen anzusehen hätten, nur mit dem Unterschiede, daß sie diese nur Stunden, selbst Minuten zu engagiren brauchten, während sie jene doch immer auf längere Zeit annehmen müßten, verschlugen nicht viel. Im großen Ganzen aber verhielt die Innung sich sympathisch, wenn sie es auch ablehnte, selber die Gründung in die Hand zu nehmen. Es fand sich aber nach längeren Berathungen eine für den Anfang genügende Zahl von Männern, die mit Vertrauen und — nachdem erst die ersten Bedenken beseitigt waren — mit Begeisterung und wahrem Feuereifer die Sache in die Hand nahmen.

Somit konstituirten sie sich zunächst als Genossenschaft m. b. H. in der Hoffnung, später noch mehrere Kollegen heranzuziehen. Das Eintrittsgeld war außerordentlich niedrig festgesetzt: auf 3 Mk. Im ursprünglichen Entwurf waren 30 Mk. vorgesehen, aber die Handwerker wollten die ersten Eintrittsbedingungen thunlichst günstig stellen. Die Haftpflicht ist auf 600 Mk., der Geschäftsantheil auf 300 Mk. festgesetzt, welche Summen jetzt allerdings auch m. E. viel zu niedrig sind, damals aber, wo das Unternehmen in einem erheblich kleineren Rahmen geplant war, als ausreichend angesehen werden konnten.

Sodann begannen gleich die Verhandlungen wegen Beschaffung der Geldmittel, der Maschinen und insbesondere wegen Beschaffung der Werkstätte selbst.

So groß war der Eifer, daß, als ein für die Genossenschaft außerordentlich geeignetes Grundstück zum Angebot kam, dieses sofort angekauft wurde, selbst bevor noch die übrigen nöthigen Mittel gedeckt waren.

Inzwischen waren die Projekte weiter gefördert und beschlossen worden, außer den oben angeführten Maschinen noch eine Rad-Konstruktionsmaschine für Stellmacher und als Motor eine Dampfmaschine aufzustellen.

Das erworbene Grundstück eignete sich nun zwar ohne jeglichen Umbau für die geplante Werkstätte, aber für die Dampfmaschine mußte noch ein Anbau hergestellt werden, wodurch die Kosten sich doch noch erheblich über den zuerst angenommenen Rahmen hinaus erhöhten. Hierüber war man sich bei Fassung des Beschlusses auch klar gewesen und hatte zugleich auch die Aufbringung der nöthigen Summe von ca. 4000 Mk. durch persönliche Anleihen beschlossen.

Die Kontrakte mit den Unternehmern lauteten auf den 1. Oktober.

In der Zwischenzeit wurde unter Zuziehung eines gewiegten Kaufmannes die Buchführung eingerichtet, eine Geschäftsordnung und der zukünftige Tarif entworfen.

An Büchern wurden geführt:

1. Vom Werkführer das Bestellbuch, in welches die Aufträge, die dazu benutzten Maschinenstunden in doppelter Ausfertigung, wovon eine dem Geschäftsführer (jetzt dem Buchhalter) zugeht, eingetragen werden.
2. Das Maschinen-Arbeitsbuch. Es enthält die Arbeit jeder Maschine nach Beginn und Ende, sowie den Betrag für diese Arbeit.

3. Das Schuld- und Guthabenbuch.
4. Ein Kassabuch mit Rubriken für Geschäftsantheil-, Schuld- und Guthaben-, Lohn- und Gehalt- und Unkosten-Konto.
5. Geschäftsantheilbuch
6. Kladde.
7. Hauptbuch.
8. Inventarien-Verzeichniß, welches alle Werkzeuge und Maschinen umfaßt, und
9. das Materialien-Verzeichniß.

Die Geschäftsordnung stellt die Befugnisse und Pflichten der einzelnen Vorstandsmitglieder fest und die Werkordnung bestimmt die Ordnung in der Werkstätte, die Reihenfolge der Arbeiten ꝛc.

Innerhalb sechs Wochen wurden die sämmtlichen, kontraktlich bedungenen Maschinen, betriebsfähig, einschließlich Transmission und Lederriemen geliefert. Es waren dies:

1. Eine Kreissäge.
2. Bandsäge zum Schweifen ꝛc.
3. Walzenhobelmaschine (Dicktenhobel).
4. Abrichtmaschine.
5. Fräsmaschine mit Abplatte und sog. taumelndem Kreissägeblatt.
6. Langlochbohr- und Stemmmaschine.
7. Rad-Konstruktionsmaschine.
8. Drehbank (eiserne).
9. Schleifmaschine.

Als Motor ist eine 15pferd. Dampfmaschine mit selbstthätiger Rider-Steuerung aufgestellt, die außer diesen Maschinen noch einen großen Schleifstein und eine Feilenhobelmaschine für einen Feilenhauer, die in getrennten Räumen aufgestellt sind, treibt. Der Kessel ist ein Pauck'scher Röhrenkessel mit 40 Qm. Heizfläche auf 8 Atm. Ueberdruck geprüft, der mit Abfällen und Holz geheizt wird.

Außer den oben genannten Maschinen ist in einem Nebenraum noch eine Vorrichtung zum Leimkochen und ein Wärmetisch aufgestellt, die mit dem Abdampf der Maschine geheizt werden.

Die Kosten sind schließlich auf ca. 15300 Mk. gekommen, die sich wie folgt vertheilen:

| | | |
|---|---|---|
| 1. a) Tischlereimaschinen, Transmission . | 5549 | Mk. |
| b) Wärmeanlage . . . . . . . | 550 | = |
| 2. Dampfmaschine nebst Kessel . . . | 4580 | = |
| 3. Kesselhaus, Fundirung ꝛc. . . | 3000 | = |
| 4. Montage ꝛc. . . . . . . . . . | 153 | = |
| 5. Stempel, Drucksachen . . . . . . . . . . | 346 | = |
| 6. Reparaturen bezw. Instandsetzung des Gebäudes . . | 1112 | = |

Letzteres ist vollständig, bis auf diejenigen Räume, die die Genossenschaft selbst benutzt, vermiethet, so daß für diese eine Miethe von 500 Mk. zu zahlen bleibt.

Die Betriebskosten inkl. einer Amortisation von 1500 Mk. waren zu 8920 Mk. veranschlagt.

Die Sache war also so eingerichtet, daß in der Genossenschaftswerkstätte 1 Werkführer und 2 Arbeiter angestellt sind, von denen ersterer auf

Grund der Werkordnung die Disposition und Leitung in der Werkstätte hat. Er hat die Rohmaterialien zu übernehmen, die Arbeiter anzustellen, die Maschinen in Gang zu halten, nachzusehen, die Messer zu schleifen, die Maschinen einzustellen, falls eben Umstellungen nöthig sind, wie z. B. bei der Fräsmaschine; er hat die nöthigen Kehlmesser selbst zu machen und muß außerdem die dritte Maschine selbst bedienen.

Außerdem ist ein kleines Einspännerfuhrwerk gemiethet, das jeden Morgen bei denjenigen Genossen, die sich zu dem Tage vorgemerkt haben, die Runde macht und die Rohmaterialien abholt und sie zur Werkstatt besorgt. Hier ist ein Aufzug, mit Hülfe dessen die Sachen aufgewunden werden. Abends holt der Wagen die fertigen Sachen wieder ab. Das Fuhrwerk rentirt sich nicht, weil es zu viel ohne Zahlung ausgenutzt wird, so daß die Genossenschaft zuzahlen muß.

Die Genossenschaftswerkstätte liegt im ersten Geschoß. Darunter ist eine Schmiede und eine Stellmacherwerkstatt. In ersterer werden die nöthigen Kehleisen gleich gefertigt und der Rademacher ist ein eifriger Benutzer der Drehbank.

In der Leimstube neben der Werkstätte haben mehrere Tischler sich Hobelbänke aufgestellt, wofür sie 20 Pfg. pro Woche zahlen und wo sie gleich ihre Sachen fertig zusammen arbeiten.

Aus diesen Darlegungen wird sich u. A. ergeben, daß die Werkgenossenschaft zur Leitung eines Mannes bedarf, der auf dem Gebiete des Maschinenwesens kein Neuling ist und ferner eines Mannes, der mit der Buchhaltung vertraut ist. Das Statut muß daher stets so abgefaßt sein, daß die Aufnahme von Nicht-Handwerkern als Mitglieder zulässig ist.

---

## II. Die gesetzlichen Erfordernisse zur Errichtung von Genossenschaften.

Für die gesetzlichen Erfordernisse zur Errichtung einer Handwerkergenossenschaft ist maßgebend das Reichsgesetz, betreffend die Erwerbs- und Wirthschaftsgenossenschaften vom 1. Mai 1889 (abgeändert durch Gesetz vom 12. August 1896 und das Einführungsgesetz zum Handelsgesetzbuch vom 10. Mai 1897*), falls die Genossenschaft sich diesem Gesetze unterstellen will, denn ein Zwang dazu besteht nicht.

Hier haben wir es nur mit den eingetragenen Genossenschaften zu thun, d. h. denen, die auf dem Genossenschaftsgesetz beruhen, und es sollte jede Genossenschaft sich unter das Genossenschaftsgesetz stellen, denn das Gesetz bietet insbesondere folgende Vortheile:

1. Die eingetragene Genossenschaft hat als solche selbstständig ihre Rechte und Pflichten, sie kann Eigenthum und andere dingliche Rechte an Grundstücken erwerben, vor Gericht klagen und verklagt werden, sie gilt als Kaufmann im Sinne des Handelsgesetzbuches. Der nicht eingetragenen Genossenschaft fehlen diese Rechte, ihr Vorstand handelt nicht als Vertreter der Genossenschaft, sondern als Bevollmächtigter der Mitglieder, er berechtigt und verpflichtet direkt die Mitglieder; verschiedene Rechtshandlungen müssen die Vorstandsmitglieder auf ihren eigenen Namen vornehmen, wodurch Weitläufigkeiten und oft auch Schwierigkeiten entstehen.

---

*) Zu empfehlen ist die Text-Ausgabe des Genossenschaftsgesetzes nebst Anmerkungen und Sachregister von Parisius und Dr. Hans Crüger (J. Guttentag in Berlin).

2. Da die eingetragene Genossenschaft rechtliche Selbstständigkeit besitzt, haftet deren Gläubigern auch zunächst nur das Vermögen der Genossenschaft, und die Geltendmachung der persönlichen Haftpflicht der Mitglieder ist gesetzlich, unter möglichster Schonung der Mitglieder, geregelt — bei der nicht eingetragenen Genossenschaft haften die Genossen den Gläubigern jeder Zeit direkt aus den Rechtsgeschäften des Vorstandes.

3. Die eingetragene Genossenschaft kann die persönliche Haftpflicht der Mitglieder beschränken — bei der nicht eingetragenen Genossenschaft ist die Zulassung einer solchen Beschränkung sehr schwer durchzuführen.

4. Die Verhältnisse der eingetragenen Genossenschaft, wie die von Vorstand, Aufsichtsrath und Mitgliedern unter einander sind gesetzlich geordnet — bei der nicht eingetragenen Genossenschaft fehlt es an passenden gesetzlichen Vorschriften.

Setzen nun die nachfolgenden Abschnitte auch eine eingetragene Genossenschaft voraus, so sind sie zum größten Theil für nicht eingetragene Genossenschaften nicht bedeutungslos, da deren Geschäftsbetrieb im Wesentlichen nach den für die eingetragenen Genossenschaften geltenden Grundsätzen zu leiten ist.

Die Erfordernisse,*) denen die Genossenschaften genügen müssen, um die Eintragung in die öffentlichen Register, und damit die angegebenen Vortheile zu erlangen, bestehen der Hauptsache nach:

1. in schriftlicher Abfassung des Statuts (Gesellschaftsvertrags);
2. in der Aufnahme gewisser Normativ-Bestimmungen als unerläßlicher Punkt in das Statut, der Innehaltung gewisser Regeln und Uebernahme gewisser Verpflichtungen dem Registergericht gegenüber;
3. in der Anmeldung des Gesellschaftsvertrags und späterer Abänderungen desselben, sowie der Vorstandswahlen beim Registergericht behufs der Eintragung in das Genossenschaftsregister.

Der Verkehr mit dem Gericht gestaltet sich an der Hand der gebotenen Hilfsmittel so einfach, daß ein Jeder sich mit Leichtigkeit

*) Das Genossenschaftsgesetz ist überall in der vom 1. Januar 1900 ab geltenden Fassung zitirt.

in denselben hineinfinden kann.*) Die durch die Unterstellung unter das Gesetz entstehenden Kosten beschränken sich — insoweit nicht gerade Bekanntmachungen erforderlich werden**) — auf die geringen Schreibgebühren und Portoauslagen, da alle Eintragungen und Verhandlungen über dieselben für die Genossenschaften gebührenfrei sind.

*) Den Genossenschaften ist für den Verkehr mit dem Gericht das „Formularbuch zum Reichsgesetz, betreffend die Erwerbs- und Wirthschafts-Genossenschaften vom 1. Mai 1889", von Parisius und Crüger (Verlag von J. Guttentag) zu empfehlen.

**) Bemerkt sei hierbei, daß die Genossenschaften die Kosten solcher Veröffentlichungen des Gerichts demselben nicht zu erstatten verpflichtet sind, welche nach dem Gesetz nicht erforderlich waren. Bei Anwendung einiger Sorgfalt können viele Kosten erspart werden.

## III. Die Gründung der Genossenschaft und ihre Eintragung in das Genossenschaftsregister.

### 1. Die Gründung.

Von den lokalen Verhältnissen wird es abhängen, in welcher Weise die Gründung einer Genossenschaft einzuleiten ist. In der Regel wird man zunächst die öffentliche Meinung dem Unternehmen günstig zu stimmen suchen; durch Vorträge werden die Handwerker aufgeklärt, dann läßt man in einer größeren Versammlung eine Kommission zur Bearbeitung des Statuts einsetzen, diese entwirft das Statut, ladet die zu einer Versammlung ein, die bereit sind, der zu gründenden Genossenschaft beizutreten, und legt dieser Versammlung das Statut zur Annahme vor. Ist das Statut in derselben durchberathen, so wird unmittelbar darauf zur Unterzeichnung des Statuts aufgefordert. Das zu unterzeichnende Statut braucht nicht geschrieben, es kann gedruckt*) sein; die Unterschriften sind nicht zu beglaubigen, es genügt für das Statut die schriftliche Form ohne Beglaubigung oder sonstige Erschwernisse. (§ 5 d. Ges.) Mit der Unterzeichnung ist die Genossenschaft gegründet.

§§ 6, 7, 36 und 131 d. Ges. geben die Bestimmungen an, die in dem Statut geregelt sein müssen, §§ 8 und 134 die, die nur durch das Statut getroffen werden können. Im unmittelbaren Anschluß an die Unterschrift des Statuts haben die Wahlen der Vorstands- und Aufsichtsrathsmitglieder zu erfolgen und zwar

---

*) Im Interesse der Kostenersparniß empfiehlt es sich, eine größere Anzahl Exemplare des Statuten-Entwurfs zur Vertheilung drucken, den Satz aber stehen zu lassen, um etwaige Aenderungen ohne größere Kosten vornehmen zu können; der Satz muß dann bis nach der Eintragung des Statuts in das Genossenschaftsregister stehen bleiben, da die endgiltige Herstellung des Statuts durch Druck mit Sicherheit erst dann erfolgen kann.

ist dabei nach den Vorschriften des eben angenommenen Statuts zu verfahren. Die Leitung der Versammlung bleibt zunächst noch bei dem, der bis dahin den Vorsitz geführt hat.

Nach den in dieser Anleitung abgedruckten Statuten soll der Vorstand von der Generalversammlung auf Vorschlag des Aufsichtsraths gewählt werden. Es muß daher zunächst der Aufsichtsrath bestellt werden. Nach vollzogener Wahl konstituirt sich der Aufsichtsrath nach Maßgabe des Statuts und macht sich über die Vorschläge zu den einzelnen Vorstandsstellen schlüssig.*) Darauf übernimmt der Vorsitzende des Aufsichtsrathes den Vorsitz in der Generalversammlung und schlägt Namens des Aufsichtsrathes die Kandidaten für den Vorstand vor. Ist auch die Wahl der Vorstandsmitglieder erfolgt, so hat sich die Genossenschaft mit ihren Organen konstituirt, die Versammlung kann geschlossen werden und der Vorstand hat die Anmeldung nach § 11 d. Ges. zum Genossenschaftsregister zu bewirken. Bemerkt sei noch, daß auf die Fassung des Statuts die größte Sorgfalt zu verwenden ist, denn würde die Eintragung beanstandet und müßten Aenderungen vorgenommen werden, so könnten diese nur von denen beschlossen werden, die das Statut unterzeichnet haben. Ueber die Gründung und Konstituirung der Genossenschaft, sowie die Wahl von Vorstand und Aufsichtsrath ist ein Protokoll aufzunehmen, das nach Maßgabe des Statuts zu unterzeichnen ist; wir theilen unter VI den Entwurf eines solchen Protokolls mit.

## 2. Die Anmeldung zur Eintragung und die Eintragung.

Der Vorstand ist verpflichtet, nach Maßgabe des § 11 d. Ges. das Statut, sowie die Mitglieder des Vorstandes zur Eintragung in das Genossenschaftsregister anzumelden. Die Anmeldung ist durch sämmtliche Mitglieder des Vorstandes persönlich zu bewirken oder schriftlich einzureichen, dann müssen jedoch ihre Unterschriften beglaubigt sein; die Beglaubigung kann durch den Gemeindevorsteher oder die Polizeibehörde erfolgen.

---

*) Selbstverständlich muß man sich schon vor der Versammlung über die Vorschläge verständigt haben.

Der Anmeldung ist beizufügen (vgl. weiter unter X 1):

a) Das unterschriebene Original-Statut und eine einfache unbeglaubigte Abschrift desselben. Wie das Original-Statut, so kann auch die „Abschrift" durch Druck hergestellt sein; die Abschrift braucht nicht unterschrieben zu sein;

b) eine Liste der Genossen, welche das Statut unterzeichnet haben; die Liste braucht nicht alphabetisch geordnet zu sein, zweckmäßig ist es, die Liste nach dem Formular aufzustellen, welches der Bekanntmachung, betr. die Führung des Genossenschaftsregisters vom 1. Juli 1899 beigegeben ist*), jedenfalls ist jedes Mitglied mit Vor- und Zunamen und Wohnort aufzuführen;

c) eine einfache unbeglaubigte Abschrift des Protokolles über die Wahlen der Vorstands- und Aufsichtsrathsmitglieder.

Erfolgt die Anmeldung persönlich, so haben die Mitglieder des Vorstandes zugleich ihre Unterschriften vor dem Gericht zu zeichnen; bei schriftlicher Anmeldung muß die Zeichnung wie die Anmeldung selbst beglaubigt sein, Beides kann verbunden werden.

Hierauf erfolgt die Eintragung, dem Vorstand geht von dem Gericht die beglaubigte Abschrift des Statutes mit der Bescheinigung der erfolgten Eintragung zu, und mit der Eintragung hat die Genossenschaft die Rechte einer eingetragenen Genossenschaft erworben (§ 13 d. Ges.).

Nach § 30 des Gesetzes hat der Vorstand ein „Verzeichniß der Genossen" zu führen, das mit der von dem Registergerichte geführten Liste der Genossen in Uebereinstimmung zu halten ist, in Folge dessen hat der Vorstand das Verzeichniß nach dem Formular anzulegen, welches in der Bekanntmachung, betr. Führung des Genossenschaftsregisters für die Gerichte vorgeschrieben ist. In dieses Verzeichniß sind die Mitglieder unter den Nummern einzutragen, unter denen sie von dem Gericht eingetragen sind und welche von dem Gericht der Genossenschaft mitgetheilt werden.

Außer diesem Verzeichniß hat der Vorstand noch ein Verzeichniß der Mitglieder anzulegen, in das diese in alphabetischer

*) Ist in der von Parisius und Crüger bearbeiteten Text-Ausgabe des Gesetzes enthalten.

Reihenfolge eingetragen werden, um die Auffindung der Mitglieder zu erleichtern.

Nothwendig ist auch die Anlegung eines besonderen Aktenstückes zur Aufnahme der gerichtlichen Benachrichtigungen über die Eintragungen in die Liste der Genossen, der Todes-Anzeigen u. s. w.

# IV. Haftbarkeit und Mitgliedschaft.

## 1. Umfang der Haftpflicht.

Wir müssen unterscheiden die Haftbarkeit der Mitglieder mit ihren Einzahlungen auf den Geschäftsantheil und ihre persönliche Haftpflicht für den Fall, daß das Vermögen der Genossenschaft nicht zur Befriedigung der Gläubiger reicht.

Die Einzahlungen auf den Geschäftsantheil stehen statuarisch fest (§ 7 Abs. 2 d. Ges.), sie bilden einen Theil des Vereinsvermögens, das den Gläubigern für die Verbindlichkeiten der Genossenschaft haftet; insoweit die Einzahlungen aber zur Deckung von Verlusten nicht in Anspruch genommen werden, sind sie den Mitgliedern nach ihrem Ausscheiden auszuzahlen (§ 73 d. Ges.).

Die persönliche Haftpflicht der Mitglieder ist nach zwei Richtungen hin zu erörtern: nämlich dem Umfange nach und dann der Art nach, in der sie durch die Gläubiger (oder die Genossenschaft) geltend gemacht wird.

Das Genossenschaftsgesetz enthält drei Haftarten: die unbeschränkte Haftpflicht, die unbeschränkte Nachschußpflicht, die beschränkte Haftpflicht.

Die ersten Genossenschaften entstanden im Gebiete des preußischen Allgemeinen Landrechts, ihre Mitglieder hafteten nach Lage der Gesetzgebung für die Rechtsgeschäfte der Genossenschaft direkt, unbeschränkt und solidarisch.

Die unbeschränkte Haftpflicht ging dann in das Preußische Genossenschaftsgesetz vom 27. März 1867 und von dort in das Deutsche Genossenschaftsgesetz vom 4. Juli 1868 über.

Der im Jahre 1888 dem Reichstage vorgelegte Entwurf des neuen Genossenschaftsgesetzes enthielt zwei Haftarten:

die unbeschränkte Haftpflicht und

die beschränkte Haftpflicht.

Die Verhandlungen im Reichstage führten zur Aufnahme noch einer, der dritten Haftart:

der unbeschränkten Nachschußpflicht.

Diese letztere Haftart ist auch eine unbeschränkte Haftpflicht insoweit, als die Mitglieder unbeschränkt persönlich haftbar sind; sie unterscheidet sich von der Genossenschaft mit unbeschränkter Haftpflicht nur durch die verschiedene Art der Geltendmachung der Haftpflicht, worauf wir unter „Haftvollzug" zu sprechen kommen.

Betrachten wir nun das Wesen der drei Haftarten im Einzelnen.

a) Die unbeschränkte Haftpflicht.

Die unbeschränkte Haftpflicht bedeutet, daß ein jedes Mitglied sowohl der Genossenschaft wie deren Gläubigern für die Verbindlichkeiten der Genossenschaft persönlich, unbeschränkt und solidarisch mit seinem ganzen Vermögen haftbar ist (§ 2 Abs. 1, § 120, § 122, § 125 d. Ges.). Da nun aber die Genossenschaft Rechtspersönlichkeit besitzt, so muß der Gläubiger sich stets zunächst an die Genossenschaft halten. Die persönliche Haftpflicht tritt in Gestalt der Zahlungspflicht nur in zwei Fällen in Wirksamkeit: entweder, daß ein Genosse ausscheidet und sich eine Unterbilanz herausstellt, dann muß der Ausscheidende nach § 73 des Gesetzes den ihn treffenden Antheil am Verlust an die Genossenschaft zahlen — oder die Genossenschaft geräth in Konkurs. Darüber siehe unter 2 „Haftvollzug".

b) Die beschränkte Haftpflicht.

Auch hier haben wir eine persönliche, solidarische — fälschlich wird von „Theilhaft" gesprochen — Haftpflicht der Mitglieder der Genossenschaft und den Gläubigern gegenüber. Vgl. unter 2 bei „Haftvollzug" über die Geltendmachung der persönlichen, beschränkten Haftpflicht. Die Mitglieder sind außer mit ihren statutenmäßig geleisteten Einzahlungen — wie bei der unbeschränkten Haftpflicht — sowohl der Genossenschaft wie den Gläubigern verhaftet, jedoch, da die persönliche Haftpflicht „beschränkt" ist, nicht über eine im Statut festgesetzte Grenze hinaus. Die Grenze ist die „Haftsumme"; „Haftsumme" also bedeutet die Begrenzung der persönlichen Haftpflicht, die Grenze, bis zu welcher ein Genosse außer mit seinen statutarischen Einzahlungen auf Geschäftsantheil für die Verbindlichkeiten der Genossenschaft in Anspruch genommen werden kann.

Dort also unbeschränkte — hier beschränkte, persönliche Haftpflicht der Mitglieder. Das ist der einzige Unterschied zwischen beiden Haftarten, denn die für die Haftarten geltenden besonderen Bestimmungen ergeben sich sämmtlich ausschließlich aus diesem verschiedenen Umfang der Haftpflicht.

Nicht zu verwechseln ist folglich auch „Geschäftsantheil" und „Haftsumme". Der Geschäftsantheil begrenzt die Einzahlungen, die ein Mitglied zur Bildung eines Theils des Vereinsvermögens zu leisten verpflichtet ist — die Haftsumme begrenzt die persönliche Haftpflicht des Mitgliedes für die Verbindlichkeiten der Genossenschaft, insoweit deren Vereinsvermögen, zu welchem ja auch die Einzahlungen auf Geschäftsantheil gehören, nicht reicht.

Ein Zusammenhang zwischen Geschäftsantheil und Haftsumme besteht nur insoweit, als die Haftsumme, welche bei Errichtung der Genossenschaft durch das Statut bestimmt sein muß, nicht niedriger als der Geschäftsantheil sein darf. Bestimmt z. B. das Statut, daß der Geschäftsantheil 300 Mark betragen soll, so kann dasselbe auch für die Haftsumme keinen niedrigeren Betrag als 300 Mark festsetzen. Nehmen wir an, daß die Haftsumme ebenfalls mit 300 Mark festgesetzt ist, so ergiebt sich für die Mitglieder

a) sie müssen nach Maßgabe des Statuts auf den Geschäftsantheil von 300 Mark Einzahlungen leisten, und diese Einzahlungen bilden einen Theil des Vereinsvermögens, haften also für die Verbindlichkeiten der Genossenschaft;

b) sie können außerdem, wenn sich bei ihrem Ausscheiden eine Unterbilanz ergiebt oder die Genossenschaft in Konkurs geräth, zur Deckung des Ausfalls bis zur Höhe von 300 Mark aus ihrer persönlichen Haftpflicht in Anspruch genommen werden.

Als wesentliche Besonderheiten gegenüber der unbeschränkten Haftpflicht weist die beschränkte Haftpflicht, abgesehen von der Begrenzung der Haftpflicht, nur auf

a) daß das Statut den Erwerb mehrerer Geschäftsantheile zulassen kann (§ 134 d. Ges.), während bei der Genossenschaft mit unbeschränkter Haftpflicht ein Genosse nicht auf mehr als einen Geschäftsantheil betheiligt sein darf (§ 119 d. Ges.);

b) daß das Konkursverfahren nicht nur im Falle der Zahlungsunfähigkeit, sondern auch bei bestehender Genossenschaft stattfindet, wenn die Ueberschuldung „ein Viertheil des Betrages der Haftsummen aller Genossen übersteigt" (§ 140 d. Ges.), während die Genossenschaft mit unbeschränkter Haftpflicht, so lange sie nicht aufgelöst ist, auch wegen Ueberschuldung nicht gezwungen ist, in Konkurs zu gehen.

Ist durch das Statut der Erwerb mehrerer Geschäftsantheile zugelassen, und ein Mitglied hat mehrere Geschäftsantheile erworben, so erhöht sich auch seine persönliche Haftpflicht, nämlich „auf das der Zahl der Geschäftsantheile entsprechende Vielfache der Haftsumme" (§ 135 d. Ges.); z. B. der Geschäftsantheil beträgt nach dem Statut 300 Mark, die Haftsumme 300 Mark, zugelassen ist der Erwerb von 5 Geschäftsantheilen — die Haftung eines Mitgliedes, das 3 Geschäftsantheile erworben hat, beträgt dann 3 × 300 Mark = 900 Mark.

c) Die unbeschränkte Nachschußpflicht.

Die persönliche Haftpflicht der Mitglieder ist wie bei der unbeschränkten, eine unbeschränkt solidarische. Nur die Haftpflicht der Ausgeschiedenen und die Geltendmachung der Haftpflicht ist anders geordnet (§ 128 d. Ges.). Vgl. 2. „Haftvollzug".

## 2. Haftvollzug.

Der Haftvollzug, d. h. die Geltendmachung der persönlichen Haftpflicht, lag bis zur Genossenschaftsgesetzgebung vollständig in der Hand der Gläubiger. Jeder Gläubiger konnte für seine fälligen Ansprüche an die Genossenschaft jedes Mitglied derselben in Anspruch nehmen. Es war dies die unmittelbare, unbeschränkte, persönliche Haftpflicht. Dadurch, daß die eingetragenen Genossenschaften von der Gesetzgebung als selbständige Rechtspersonen anerkannt wurden, nahm die persönliche Haftpflicht der Mitglieder einen bürgschaftsartigen Charakter an; die Gläubiger mußten zunächst Befriedigung in dem Vereinsvermögen suchen und konnten nur wegen ihres Ausfalles, der durch den Konkurs über die Genossenschaft festzustellen war, auf deren Mitglieder zurückgehen. Hieran änderte auch das Gesetz vom 4. Juli 1868 nichts, doch brachte es insofern eine wesentliche Neuerung und Verbesserung, als es Vorschriften gab, wie die Mitglieder untereinander im Wege des Umlageverfahrens den zur Deckung des Ausfalles der Gläubiger erforderlichen Betrag aufzubringen hätten. Dadurch sollte den Gläubigern die direkte Inanspruchnahme Einzelner erspart, die Mitglieder vor derselben geschützt und endlich den sich aus der Inanspruchnahme Einzelner ergebenden Regreßprozessen unter den Mitgliedern vorgebeugt werden. Bei der Neuheit dieser gesetzlichen Regelung sehr leicht erklärliche Fehler in dem Gesetze ließen jedoch nur selten dies Ziel erreichen.

Eine der wesentlichsten Aufgaben der Revision des Gesetzes war es, hier Besserung zu bringen.

Es ergiebt sich für die Geltendmachung der persönlichen Haftpflicht zur Deckung von Verlusten, welche das Vereinsvermögen übersteigen, Folgendes:

a) Bei bestehender Genossenschaft kann auf die persönliche Haftpflicht nur in einem Falle zurückgegriffen werden. Scheidet ein Mitglied aus der Genossenschaft aus und das Vermögen der Genossenschaft reicht nach der Bilanz (einschließlich des Reservefonds und aller Geschäftsguthaben der Mitglieder) zur Deckung der Schulden nicht aus, so hat der Ausgeschiedene von dem Fehlbetrage den ihn treffenden Antheil an die Genossenschaft zu zahlen — bei beschränkter Haftpflicht nicht über die Haftsumme hinaus; der Antheil wird in Ermangelung einer anderen Bestimmung des Statuts nach der Kopfzahl der Mitglieder berechnet (§ 73 d. Ges.).

b) Im Uebrigen kann die persönliche Haftpflicht der Mitglieder nur in Anspruch genommen werden, wenn es zum Konkurse über die Genossenschaft gekommen ist, dann ist für die Behandlung zu unterscheiden zwischen der unbeschränkten Haftpflicht und der beschränkten Haftpflicht einerseits und der unbeschränkten Nachschußpflicht andererseits. Es genügt hier darauf hinzuweisen, daß die

Deckung im Wesentlichen bei allen Haftarten durch ein Umlageverfahren erfolgt. (Vergl. §§ 106/ff., 122, 125, 129, 130, 141 d. Ges.).

### 3. Wahl der Haftart.

Nunmehr fragt es sich, welche Haftart die Genossenschaft wählen soll.

Die unbeschränkte Haftpflicht ist überall dort als Grundlage zu empfehlen, wo es sich um die Inanspruchnahme eines großen Kredits handelt. Das ist bei der hier in Rede stehenden Genossenschaft nicht der Fall. Für diese Genossenschaft wird überall die beschränkte Haftpflicht ausreichen, doch sollte man den Geschäftsantheil nicht unter 300 Mark festsetzen, es kann dann auch die Haftsumme nicht niedriger sein, ferner wird man den Erwerb von drei Geschäftsantheilen zulassen, wie wir es auch schon oben darlegten.

### 4. Erwerb und Verlust der Mitgliedschaft.

Von größter Wichtigkeit ist die Frage, wovon man die Zulassung zur Mitgliedschaft abhängig machen will. Natürlich können hierfür lokale Verhältnisse entscheidend sein. Man wird aber den Grundsatz aufstellen: um einem Verein anzugehören, der auf Selbsthilfe, die eigene Kraft der Mitglieder gegründet ist, muß man in sittlicher Beziehung, im Charakter und Lebenswandel makellos und muß man wirthschaftlich noch in der Lage sein, sich selbst helfen zu können. Auf ein Verkennen der wirthschaftlichen Lage läßt es schließen, wenn die bessergestellten Handwerker fürchten, durch ihren Anschluß an die Genossenschaft die weniger gut situirten Handwerker zu gefährlichen Konkurrenten heranzuziehen; man sollte doch nie vergessen, daß es meist gerade die letztere Klasse der Handwerker ist, die die Magazine und Bazare mit den billigsten Waaren versieht, weil sie Arbeit nehmen muß, wo und wie sie sie findet. Wollen die Groß-Handwerker diesen Kleinmeistern helfen, so helfen sie mittelbar damit sich selbst. Die Hebung der Lage der Allgemeinheit kann auch dem Einzelnen nur Nutzen bringen.

Wie schon oben bemerkt, wird es nothwendig sein, auch Nicht-Handwerkern den Beitritt offen zu halten, um tüchtige kaufmännische Kräfte 2c. für die Leitung gewinnen zu können.

Aus der statutarischen Festsetzung der „Haftsumme" folgt nicht ohne Weiteres, daß bis zu dieser Grenze auch alle Mitglieder eintretenden Falles zahlungsfähig sein müssen, ebensowenig wie aus der Höhe des Geschäftsantheils zu schließen ist, daß der volle Betrag jederzeit von jedem Mitgliede aufgebracht werden könnte. Die „Haftsumme" begrenzt nur die persönliche Haftpflicht auch der wohlhabenden Mitglieder nach oben hin — weiter bedeutet sie nichts. Wollte man bei der Genossenschaft mit beschränkter Haftpflicht die Aufnahme davon abhängig machen, daß der sich Meldende für die volle Haftsumme „gut" ist, so würde einer solchen Genossenschaft das Gepräge einer Kapitalgesellschaft gegeben sein, es würden gerade die wirthschaftlich schwächeren Klassen ferngehalten werden, denen die Genossenschaft doch in erster Reihe dienen soll.

Daß übrigens von jedem Mitgliede die rechtliche Selbständigkeit erfordert wird, versteht sich von selbst. Natürlich muß man gesetzlich befähigt sein, Verträge zu schließen, wenn man einer solchen Genossenschaft beitreten will. Unter Vormundschaft oder väterlicher Gewalt stehende Personen können ohne die durch die Gesetze erforderliche Genehmigung ihrer Vormünder und Väter nicht Mitglieder werden. Auch Ehefrauen wird man nur mit ausdrücklicher Genehmigung ihrer Männer aufnehmen, welche diese Genehmigung bei Unterschrift des Statuts oder der Beitrittserklärung beisetzen müssen. In Fällen, wo das Gewerbe auf den Namen der Frau betrieben wird, bei Handelsfrauen könnte es zweifelhaft sein, ob die Genehmigung des Ehemannes zum Beitritt zu der Genossenschaft erforderlich ist, da dieser Beitritt in der Regel wenigstens zum Betriebe ihres Handelsgewerbes erfolgen wird — gleichwohl muß auch für verheirathete Handelsfrauen die Genehmigung des Ehemannes einzuholen empfohlen werden, um keine Zweifel über die Giltigkeit des Beitritts aufkommen zu lassen.

Bei der Aufnahme als Mitglied macht an und für sich das Geschlecht keinen Unterschied, als unrichtig muß es sogar bezeichnet werden, wenn weibliche Personen grundsätzlich von der Mitgliedschaft ausgeschlossen werden. Dafür läßt sich keine Rechtfertigung finden.

Zulässig ist es nach dem Gesetz, daß Mann und Frau gleichzeitig Mitglieder sind, und wenn die Eheleute in Gütertrennung leben, kann es sogar rathsam sein, Beide aufzunehmen.

Heirathet ein weibliches Mitglied der Genossenschaft, so ändert dies an seiner Mitgliedschaft nichts, es ist nur durch den Vorstand die Namens-Aenderung zur Eintragung in die Liste der Genossen anzuzeigen.

Mitglieder können nicht blos physische Personen werden, sondern auch Korporationen, Genossenschaften, Handelsgesellschaften, alle Personenvereine, die sich Dritten gegenüber zu verpflichten im Stande sind (§§ 9, 43 d. Ges.). Die Beitrittserklärung giebt dann das Organ ab, welches die Gesellschaft Dritten gegenüber vertritt und zwar in der für solche Rechtshandlungen nach Statut, Gesetz oder Verfassung vorgeschriebenen Form. Besondere Aufmerksamkeit ist dem Beitritt von „offenen Handelsgesellschaften" zu schenken. Es empfiehlt sich, nicht blos die offene Handelsgesellschaft als Mitglied aufzunehmen, sondern auch zu fordern, daß die Inhaber für ihre Person außerdem die Mitgliedschaft erwerben.

Endlich sei noch bemerkt, daß es in der Rechtsprechung für unzulässig erklärt ist, daß ein Kaufmann oder Gewerbetreibender unter seiner „Einzelfirma" den Beitritt erklärt.

### a) Aufnahme und Beitritt.

Dem Beitritt zur Genossenschaft durch Ausstellung einer Beitrittserklärung muß natürlich die Aufnahme vorhergehen, indem die unbedingte Zulassung von Jedermann in manchen Fällen doch den Reihen der Mitglieder Persönlichkeiten zuführen möchte, die den Zwecken der Genossenschaft in keiner Weise förderlich sein würden. Das Befinden hierüber wird am füglichsten dem Vorstande und Aufsichtsrath zu überlassen sein, da die Abstimmung der Gesammtheit der Mitglieder bei jeder einzelnen Aufnahme die Generalversammlungen in unausführbarer Weise häufen würde, an welche man daher nur die Berufung gegen abfällige Entscheidungen des Vorstandes u. s. w. gestatten kann. Der Beschluß über die Aufnahme ist in das Sitzungsprotokoll aufzunehmen.

### b) Das Ausscheiden.

Der Ausschluß. Daß der Ausschluß von Mitgliedern überhaupt statthaft sein muß, bedarf keiner Ausführung. Der Ausschluß wird erfolgen müssen sowohl bei Nichterfüllung übernommener

Verbindlichkeiten, wie bei einzelnen Handlungen oder einer gesammten Lebenshaltung, insofern diese den Interessen des Vereins zuwiderlaufen oder diejenigen sittlichen und wirthschaftlichen Grundlagen antasten, welche die Genossenschaft zum Behufe ihrer gesunden Entwickelung nicht entbehren kann.

Die Ausschließungsgründe müssen im Statut spezialisirt werden, um eintretenden Falls Streitigkeiten möglichst zu vermeiden.

Den Ausschluß überträgt man Vorstand und Aufsichtsrath und giebt dem Ausgeschlossenen (statutarisch) das Recht der Beschwerde an die Generalversammlung, um auch nicht den Verdacht aufkommen zu lassen, daß Vorstand und Aufsichtsrath in der Lage sind, eine Opposition gegen die Verwaltung niederzuhalten.

Die Ausschließung ist mit genauer Angabe des Grundes zu protokolliren.

Der Beschluß über die Ausschließung ist durch den Vorstand dem Ausgeschlossenen an dessen letzte dem Vorstand bekannt gewordene Adresse durch eingeschriebenen Brief mitzutheilen; von dem Zeitpunkt der Absendung des Briefes an kann der Genosse nicht mehr an der Generalversammlung theilnehmen, auch nicht Mitglied des Vorstandes oder Aufsichtsrathes sein (§ 68 d. Ges.).

Der freiwillige Austritt. Nach der Natur der Genossenschaft nimmt der freiwillige Austritt eine wichtige Stelle ein. Die Genossenschaft hat in ihren Mitgliedern einen geschlossenen Kreis fester Kunden, dessen Bedürfnisse sie befriedigen muß, und wenn sie sich zu diesem Zwecke ausreichend versorgt hat, so darf sie nun nicht durch den plötzlichen Austritt, vielleicht in Masse, in Schaden gebracht werden. Daher darf der Austritt aus der Genossenschaft erst nach Ablauf einer Kündigungsfrist erfolgen, binnen welcher es der Genossenschaft möglich ist, sich auf den neuen Mitgliederstand einzurichten. Nach § 65 d. Ges. muß die Kündigung mindestens drei Monate betragen; durch das Statut kann eine längere, jedoch höchstens zweijährige Kündigungsfrist festgesetzt werden.

Es kann der Austritt nach dem Gesetz nur zum Schluß des Geschäftsjahres erfolgen.

Die Kündigung kann auch durch einen Gläubiger des Mitgliedes geschehen, wenn derselbe sich das Geschäftsguthaben hat gerichtlich überweisen lassen und dann nach § 66 d. Ges. verfahren ist.

Ausscheiden der physischen Personen durch Tod — der Gesellschaften durch Auflösung. Stirbt ein Mitglied, so gilt es nach § 77 d. Ges. mit dem Schlusse des Geschäftsjahres als ausgeschieden, in welchem der Tod erfolgte, auch wenn dieser erst später zur Kenntniß des Vorstandes kommt. Die Mitgliedschaft ist nicht vererblich. Die Genossenschaft kann nur im Statut bestimmen, daß für gewisse Erben, z. B. Wittwe, Sohn, die Aufnahme erleichtert wird, etwa in der Art, daß das Eintrittsgeld erlassen wird.

Welche Wirkung die Auflösung einer Gesellschaft, die Mitglied einer Genossenschaft ist, auf die Mitgliedschaft hat, sagt das Gesetz nicht. Man wird sie daher als Ausschließungsgrund aufnehmen.

Auseinandersetzung. Die vorstehend behandelten drei Fälle des Ausscheidens: Kündigung, Ausschluß, Tod sind die regelmäßigen, sie führen zu einer vollständigen Auseinandersetzung zwischen der Genossenschaft und dem Ausgeschiedenen, dieselbe erfolgt auf Grund der Bilanz. Es ist das „Geschäftsguthaben" des Mitgliedes festzustellen, wie es sich nach der Vermögenslage der Genossenschaft aus den Einzahlungen des Mitgliedes auf Geschäftsantheil, den zugeschriebenen Dividenden und den abgeschriebenen Verlusten ergiebt. Dieses Geschäftsguthaben ist dem Ausgeschiedenen binnen 6 Monaten nach seinem Austritt auszuzahlen (§ 73 d. Ges.).*) Nun kann die Bilanz aber auch eine Ueberschuldung ergeben, indem Reservefonds- und Geschäftsguthaben zur Deckung der Schulden nicht ausreichen, dann hat einmal das ausgeschiedene Mitglied seine Einzahlungen auf Geschäftsantheil und diesem Konto zugeschriebene Dividenden verloren, und es muß ferner von dem Fehlbetrage den ihn treffenden Antheil an die Genossenschaft zahlen, der in Ermangelung einer anderen Bestimmung des Statuts nach der Kopfzahl der Mitglieder berechnet wird (§ 73

*) Wenn jedoch binnen 6 Monaten nach dem Ausscheiden die Genossenschaft aufgelöst wird, so gilt das Ausscheiden als nicht erfolgt, bereits ausgezahlte Geschäftsguthaben sind zurückzuerstatten, Kündigung u. s. w. sind dadurch mit rückwirkender Kraft aufgehoben.

d. Ges.); für eine Genossenschaft mit beschränkter Haftpflicht erreicht dieser Antheil am Verlust seine Grenze in der Haftsumme.

Zur Beseitigung der Mißstände, welche die Verpflichtung der Genossenschaft, nicht abgehobene Geschäftsguthaben ausgeschiedener, namentlich verstorbener Genossen bis zum Ablauf der ordentlichen Verjährung zur Verfügung zu halten, mit sich führt, bestimmt § 74 d. Ges.: die Klage des ausgeschiedenen Genossen auf Auszahlung des Geschäftsguthabens verjährt in zwei Jahren.

Ausscheiden durch Uebertragung des Geschäftsguthabens. Zu den obigen drei Fällen des Ausscheidens ist durch das neue Gesetz noch ein vierter gekommen: Ausscheiden zu jeder Zeit (also nicht blos zum Schluß des Geschäftsjahres) durch Uebertragung des Geschäftsguthabens (§ 76 d. Ges.), sofern der Erwerber an Stelle des Austretenden Genosse wird oder, sofern er schon Genosse ist, dessen bisheriges Guthaben mit dem ihm zuzuschreibenden Betrage den Geschäftsantheil nicht übersteigt.*)

Diese Uebertragung des Geschäftsguthabens zum Zweck des Ausscheidens kann das Statut ausschließen oder an weitere Voraussetzungen knüpfen. Es ist nicht zu verkennen, daß diese Art des Austritts, bei der keine Kündigungsfrist einzuhalten ist, für die Mitglieder sehr werthvoll sein kann, z. B. wenn ein Mitglied seinen Wohnsitz aufgiebt, wenn es auswandert, wenn es sein Geschäft verkauft u. s. w. Jedoch sollte im Statut stets bestimmt sein, daß zu der Uebertragung die Genehmigung von Vorstand und Aufsichtsrath einzuholen ist.

Ausscheiden in Folge Verlegung des Wohnsitzes. Es sei schließlich noch, nur der Vollständigkeit halber, einer fünften Art des Ausscheidens gedacht, die weniger für diese Genossenschaften als die Raiffeisen'schen Darlehnskassen bestimmt ist. Falls nämlich durch das Statut die Mitgliedschaft an den Wohnsitz innerhalb eines bestimmten Bezirkes geknüpft ist (§ 8 Abs. 2 d. Ges.), kann ein Genosse, welcher den Wohnsitz im Bezirke aufgiebt, ohne Einhaltung einer Kündigungsfrist zum Schlusse des Geschäftsjahres seinen Austritt schriftlich erklären — und die Genossenschaft

*) Bei Genossenschaften mit beschränkter Haftpflicht: Die der höchsten Zahl der statutarisch zugelassenen Geschäftsantheile entsprechende Gesammtsumme nicht übersteigt (§ 138 d. Ges.).

kann dem Genossen schriftlich erklären, daß er am Schlusse des Geschäftsjahres auszuscheiden habe (§ 67, § 70 d. Ges.). Für die Auseinandersetzung mit Bezug auf das Geschäftsguthaben gilt dann das vorstehend Ausgeführte. Es ist eben nur eine Aufkündigung der Mitgliedschaft (die allerdings auch von Seiten der Genossenschaft zulässig ist) ohne Kündigungsfrist und allein abhängig von der Thatsache der Verlegung des Wohnsitzes. Uebrigens ist die Genossenschaft nicht verpflichtet, dem Genossen die Mitgliedschaft in diesem Falle aufzukündigen, wenn er es nicht thut.

Es ist hierbei also vorausgesetzt, daß die Genossenschaft statutarisch nur Mitglieder aus einer bestimmten Gemeinde, Pfarrei, einem Kreise u. s. w. aufnimmt, wie es bei den Raiffeisenschen Kassen üblich ist.

### c) Gesetzliche Regelung von Erwerb und Verlust der Mitgliedschaft.

Es wäre nun nur noch die gesetzliche Regelung von Erwerb und Verlust der Mitgliedschaft zu behandeln. Wir haben bisher Aufnahme und Beitritt einerseits und die Gründe des Ausscheidens andererseits besprochen.

Das Gesetz will eine Sicherheit dafür schaffen, daß alle in der Mitgliederliste aufgeführten Personen wirklich als Genossen haften, und andererseits alle haftpflichtigen Genossen wirklich in der Liste aufgeführt sind. Zu diesem Zweck legt das Gesetz die Führung der maßgebenden Liste in die Hände des Gerichts und knüpft Entstehung und Verlust der Mitgliedschaft an die Eintragung in die gerichtliche Liste. Die Urkunden über den Erwerb der Mitgliedschaft (Beitrittserklärung), über Ausscheiden (Kündigung, Abschrift des Ausschließungsbeschlusses u. s. w.) sind dem Gericht einzureichen, welches darnach den Erwerb oder Verlust der Mitgliedschaft in die Liste der Genossen einträgt (§ 15, §§ 69, 76 Abs. 2 d. Ges.). Die Mitgliedschaft entsteht mit dem Tage der Eintragung des Erwerbs. Die Mitgliedschaft endigt bei Kündigung, Ausschluß, Ausscheiden, Verlegung des Wohnsitzes nach Maßgabe des § 67 mit dem in der Liste vermerkten Jahresschluß, wenn jedoch die Eintragung erst im Laufe eines späteren Geschäftsjahres erfolgt, mit dem Schlusse des letzteren (§ 70 d. Ges.) — bei Ausscheiden durch Uebertragung des Geschäftsguthabens mit dem Tage der Eintragung (§ 76 Abs. 3 d. Ges.). Nur in dem Falle des Todes endigt die Mitgliedschaft ohne Rücksicht auf die Eintragung stets mit dem Schlusse des Geschäftsjahres, in welchem der Tod erfolgt ist, und es ist auch dieser Zeitpunkt selbst bei einer erst in späteren Jahren erfolgten Anzeige an das Gericht in die Liste der Genossen als Tag des Ausscheidens einzutragen (§ 77 d. Ges.), jedoch behält für die Haftpflicht der Erben des verstorbenen Mitgliedes die Eintragung noch eine gewisse Bedeutung (§ 125 Abs. 2 d. Ges.).

Aehnlich wie die Entstehung der Mitgliedschaft von der Eintragung in die Liste der Genossen abhängig gemacht ist, ist für die Genossenschaft mit beschränkter Haftpflicht der Erwerb eines weiteren — statutarisch zugelassenen — Geschäftsantheils an die Eintragung in die Liste der Genossen gebunden (§ 137 Abs. 3 d. Ges.).

Es empfiehlt sich, für den Verkehr mit dem Gericht und die Führung des Mitgliederverzeichnisses — für welches man am besten das gleiche Formular anwendet, wie das Gericht für die Liste der Genossen und das in der mehrfach bereits erwähnten Bekanntmachung vom 1. Juli 1899 zum Genossenschaftsgesetz abgedruckt ist — folgende Grundsätze zu beobachten:

die ordnungsmäßig vollzogenen Beitrittserklärungen sind mindestens einmal in jedem Monate dem Gerichte an einem mit dem Gerichte vereinbarten Tage einzureichen,

die zum Austritt am Schlusse des Geschäftsjahres rechtzeitig eingekommenen Aufkündigungen aber sind erst gegen Ende des Geschäftsjahres und mindestens sechs Wochen vor dem Ende des Geschäftsjahres einzureichen,*)

die Anzeige von dem Tode eines Genossen ist unverzüglich, sobald der Vorstand davon Kenntniß erhalten hat, einzureichen (§ 77 d. Ges.),

auf Grund der Benachrichtigungen der Gerichte über die in die Liste der Genossen vorgenommenen Eintragungen sind zur

---

*) Es kommt zuweilen vor, daß das Mitglied die Kündigung zurücknehmen will, daher ist es zweckmäßig, mit der Einreichung an das Gericht so lange zu warten, als es das Gesetz gestattet.

Gleichstellung des von dem Vorstande geführten Mitglieder-verzeichnisses die erforderlichen Eintragungen vorzunehmen*) und

die Benachrichtigungen der Gerichte sind sorgsam aufzubewahren.

d) Veröffentlichung des Mitgliederbestandes.

Der Vorstand hat die Zahl der im Laufe des Jahres eingetretenen oder ausgeschiedenen, sowie die Zahl der am Jahresschlusse der Genossenschaft angehörigen Genossen (gleichzeitig mit der Bilanz) zu veröffentlichen (§ 33 d. Ges.), und die Vorstandsmitglieder sind von dem Gerichte durch Ordnungsstrafen dazu anzuhalten (§ 160 d. Ges.). Dabei ist zu beachten, daß die mit Jahresschluß ausscheidenden Mitglieder an dem letzten Tage des Geschäftsjahres noch Mitglieder sind, folglich auch als solche mitzuzählen sind.

Muster einer Veröffentlichung:

| | | |
|---|---|---|
| Mitgliederbestand bei Beginn des Geschäftsjahres 1900 (angenommen) . . . . . . . . . . . . . . . . . . . . . . . . | | 680 |
| Hiervon sind in Abgang zu stellen: | | |
| 1. in früheren Jahren verstorbene, jedoch erst im Berichtsjahr zur gerichtlichen Liste als verstorben angezeigte Genossen . . . . . . . . . . . . . . . . | 3 | |
| 2. durch Uebertragung nach § 76 Gen.-Gesetz ausgeschiedene Genossen . . . . . . . . . . . . . . . . . . | 4 = | 7 |
| | | 628 |
| Dagegen kommen in Zugang: | | |
| die im Berichtsjahr neueingetretenen Genossen . . . . . | | 38 |
| so daß am Schluß des Geschäftsjahres 1900 . . Genossen vorhanden sind. | | 666 |
| Mit Beendigung des Geschäftsjahres scheiden aus: | | |
| 1. in Folge Aufkündigung . . . . . . . . . . . . | | 12 |
| 2. durch Tod . . . . . . . . . . . . . . . | | 5 |
| 3. durch Ausschluß . . . . . . . . . . . . . . | | 7 |
| zusammen | | 24 |

Es werden sonach in das neue Geschäftsjahr 1901 682 Genossen übernommen.

*) Zur Erklärung sei bemerkt, daß das Gericht von den Eintragungen in die Liste der Genossen sowohl den Vorstand wie die betreffenden Mitglieder zu benachrichtigen hat; da nun das von dem Vorstande zu führende Mitgliederverzeichniß mit der Liste der Genossen sich in Uebereinstimmung befinden muß, so kann der Vorstand die Eintragungen erst vornehmen, wenn er die Benachrichtigung von dem Gericht erhalten hat.

Für Genossenschaften mit beschränkter Haftpflicht hat sich diese Veröffentlichung nach § 139 d. Ges. auch auf dem Gesammtbetrag, um welchen in diesem Jahre die Geschäftsguthaben, sowie die Haftsumme der Genossen sich vermehrt oder vermindert haben, und den Betrag der Haftsummen zu erstrecken, für welche am Jahresschluß alle Genossen zusammen aufzukommen haben. Die Aufstellung nach § 139 d. Ges. für Ende 1899 z. B. würde folgende sein:

| | | |
|---|---|---|
| Betrag der Geschäftsguthaben Ende des Geschäftsjahres | 1898 . . | Mk. |
| „ „ „ „ „ „ | 1899 . . | „ |
| Vermehrung (oder Verminderung) während des Jahres | 1899 . . | Mk. |
| Betrag der Haftsummen Ende des Geschäftsjahres | 1898 . . . . . . | „ |
| „ „ „ „ „ „ | 1899 . . . . . . | „ |
| Vermehrung (oder Verminderung) während des Jahres | 1899 . . | Mk. |

Die Veröffentlichung hätte dann zu lauten:

Die Geschäftsguthaben haben sich von 1898 auf 1899 um . . Mk. vermehrt (vermindert), die Haftsummen in der gleichen Zeit um . . Mk. vermehrt (vermindert). Am Jahresschluß haben die Genossen für . . Mk. Haftsummen aufzukommen.

--

## V. Die Organe der Genossenschaften und ihre Zuständigkeit.

Daß die Mitglieder jeder Genossenschaft zu gemeinsamem Rathen und Thaten als Generalversammlung zusammentreten müssen, weil sie nur so in den Stand gesetzt werden, als konstituirte Gesammtheit ihre Interessen bei dem Unternehmen wahrzunehmen, dessen Träger sie sind, versteht sich von selbst. Doch reicht dies für einen geordneten geschäftlichen Verkehr nicht aus; vielmehr bedarf die Genossenschaft zur Leitung und Verwaltung ihrer Angelegenheiten im Einzelnen, zu ihrer Vertretung nach Außen, sowie zur Kontrole der Leitung bestimmter Organe. Das Genossenschaftsgesetz fordert daher: Generalversammlung (§ 43 ff.), Vorstand (§ 24 ff.) und Aufsichtsrath (§ 36 ff.).

Natürlich ist die Begrenzung der Zuständigkeit jedes dieser Organe eine Aufgabe von äußerster Wichtigkeit bei Einrichtung der Genossenschaft, da das gehörige Ineinandergreifen ihrer Obliegenheiten einen geordneten Geschäftsgang bedingt. Daß nach der Verschiedenheit im Umfange und in der Richtung der einzelnen Genossenschaften diese Zuständigkeit auch verschieden bemessen wird, versteht sich von selbst; jedoch müssen, will man nicht den Zweck verfehlen, gewisse durchgreifende Gesichtspunkte dabei festgehalten werden, überdies sind von dem Gesetz bestimmte Vorschriften erlassen. Indem wir auf die unter VII—IX mitgetheilten Muster-Statuten und Geschäftsanweisungen verweisen, welche die durch die Praxis bewährten Einrichtungen in einem übersichtlichen Gesammtbilde zusammenfassen, gehen wir zu den für die einzelnen Organe in Betracht zu ziehenden wichtigeren Punkten über.

### 1. Die Generalversammlung.

Das den Genossenschaften zu Grunde gelegte Prinzip der Selbsthilfe bedingt nicht blos das passive Eintreten der Mitglieder, sondern auch ihre möglichst aktive Betheiligung bei der Ordnung und höchsten Entscheidung der Vereinsangelegenheiten, die sie in der Generalversammlung ausüben. Wenn daher auch die eigentliche Verwaltung und Geschäftsführung besonderen Vereinsbeamten anvertraut werden muß, so wird doch der Gesammtheit der Mitglieder unmittelbar vorzubehalten sein:

a) die oberste konstituirende und normgebende — gesetzgebende — Gewalt, d. h. die Bestimmung über die rechtliche und geschäftliche Grundlage, Zweck und Ausdehnung der Genossenschaft;

b) die Festsetzung der maßgebenden Grundsätze für die Verwaltung und oberste Aufsicht über dieselbe.

Natürlich wird sich dies im Einzelnen bei den verschiedenen Genossenschaften verschieden gestalten und hier der Generalversammlung überwiesen sein, was man dort dem Vorstande und Aufsichtsrath selbständig zu ordnen überläßt. Größere Genossenschaften mit bedeutender Mitgliederzahl werden mehr die Befugnisse des Vorstandes und Aufsichtsrathes stärken.

Es fördert die Vereinszwecke außerordentlich, wenn die Mitglieder häufiger zusammenkommen, über den Stand der Vereinsangelegenheiten, den Gang der Geschäfte Mittheilungen und dabei Gelegenheit erhalten, Wünsche und Differenzen zur Sprache zu bringen, die den Aufschwung des Vereins, das gute Verhältniß unter den Vereinsgenossen berühren. In vielen Genossenschaften findet am Schlusse jedes Vierteljahres eine solche Versammlung zur Anbringung von Beschwerden, Mittheilung geschäftlicher Vorkommnisse und Darlegung des Kassen- und Geschäftsstandes statt, und die darin den Mitgliedern über manche streitige Punkte gegebenen Aufklärungen wirken viel zum rechten Verständnisse und zur regeren Betheiligung an dem Vereinsleben mit und fördern denjenigen Geist, von dem die Genossenschaften getragen sein müssen, wenn sie wahrhaft gedeihen sollen. Wir können daher zu solchen öfteren Zusammenkünften nur rathen, in denen es an Stoff zu Verhandlungen nicht gebricht.

Zweckmäßig ist zur Belebung des Interesses der Mitglieder die rechtzeitige Zusendung guter Geschäftsberichte vor der Generalversammlung. Freilich genügt es niemals allein, daß die Generalversammlung eine reichhaltige Tagesordnung hat, weit wichtiger fast noch ist es, wie sie erledigt wird. Die Leitung muß die Generalversammlung sorgfältig vorbereiten und für eine Abwickelung der Tagesordnung sorgen, die geeignet ist, das allgemeine Interesse wach zu halten.

Wegen der einzelnen bei Ordnung der Generalversammlungen vorkommenden Fragen ist das Nöthige in den §§ 43 ff. d. Ges., und den mitgetheilten Muster-Statuten, bestimmt.

Die Berufung steht dem Vorstande zu (§ 44 d. Ges.), doch kann das Statut auch andere Organe dazu bestimmen, und ist dieselbe in § 38 d. Ges. dem Aufsichtsrath zur Pflicht gemacht, wenn es das Interesse der Genossenschaft erfordert. Am meisten den Verhältnissen entsprechend erscheint es, die Berufung dem Aufsichtsrathe in der Regel zu übertragen und ihm dieselbe zur Pflicht zu machen, wenn eine bestimmte Zahl — nach dem Gesetz (§ 45) der zehnte oder der im Statut hierfür bezeichnete geringere Theil — von Mitgliedern, oder der Vorstand, darauf antragen; dem letzteren überträgt man alsdann die selbständige Berufung, wenn der Aufsichtsrath dieselbe verzögert, wodurch selbstverständlich nicht ausgeschlossen ist, daß der Vorstand Kraft seiner gesetzlichen Befugniß jederzeit berechtigt bleibt, eine Generalversammlung zu berufen. Da die Generalversammlung wesentlich mit der Kontrole der Verwaltung, Entscheidung von Beschwerden, Entlastung wegen der Kassenführung zu thun hat, so folgt schon daraus, daß man die Berufung dabei am richtigsten dem Kontrolorgan — also dem Aufsichtsrath — in die Hände giebt.

Die Leitung der Verhandlungen in der Generalversammlung wird man im Allgemeinen demjenigen Organ übertragen, von dem die Berufung ausgeht. Das Gesetz (§ 46) giebt aber der Versammlung selbst die Entscheidung darüber in die Hand. Nach § 6 Abs. 3 d. Ges. muß das Statut eine Bestimmung über den Vorsitz in der Generalversammlung enthalten.

Daß im Uebrigen zu jeder giltigen Beschlußfassung, welche für die Genossenschaft verbindliche Kraft haben soll, erfordert wird:

1. daß die Gegenstände der Verhandlung bei der Berufung als Tagesordnung den Mitgliedern bekannt gemacht werden, und deshalb auch in den Anträgen angegeben sein müssen; und

2. daß sich die Mehrheit der in der Versammlung Erschienenen über die Frage einigt

folgt aus der Rechtsnatur der Genossenschaft.

Die Tagesordnung muß so gefaßt sein, daß aus jedem Punkte derselben deutlich der Verhandlungsgegenstand zu erkennen ist. So genügt es z. B. nicht, auf die Tagesordnung zu setzen „Statutenänderung", sondern es muß, wenn auch nur mit einigen kurzen Worten, angegeben sein, welche Bestimmung des Statuts geändert werden soll. Aufzustellen und bekannt zu machen ist die Tagesordnung von dem Organ, welches die Generalversammlung beruft, wobei dann aber auch die Anträge des anderen Organs aufzunehmen sind und ferner die Anträge, welche der zehnte Theil der Genossen oder der im Statut hierfür bezeichnete geringere Theil der Genossen einbringen*).

Als Frist für die Einladung zur Generalversammlung, mit der die Tagesordnung bereits nach Möglichkeit zu verbinden ist, schreibt das Gesetz eine Frist von mindestens einer Woche vor (§ 46 d. Ges.)**), das Statut kann auch eine längere Frist — aber keine kürzere — bestimmen.

Wie die Generalversammlung zu berufen ist, soll das Statut bestimmen (§ 6 Abs. 3, § 46 d. Ges.), dabei ist allgemein zu empfehlen: Berufung durch das in den Kreisen der Mitglieder gelesenste Blatt. In der Regel wird ausreichen, daß das Statut nur ein Blatt für die Bekanntmachungen bestimmt, nöthigenfalls sind mehrere Blätter zu bezeichnen. In der Regel wird es auch genügen, wenn das Statut einmalige Einladung verordnet, wobei es den Organen der Genossenschaft unbenommen bleibt, mehrmals die Einladung bekannt zu geben, wenn es sich um sehr dringende Angelegenheiten handelt. Fordert das Statut mehrmalige Einladung, so ist jene Frist von der letzten Bekanntmachung ab zu rechnen. Meist wird die Tagesordnung für die Generalversammlung mit der Einladung bekannt gegeben werden,

---

*) Wird dem Verlangen der Genossen nicht stattgegeben, so kann das Registergericht die Genossen, welche das Verlangen gestellt haben, zur Ankündigung des Gegenstandes ermächtigen (§ 45 Abs. 3 d. Ges.).

**) Es müssen sieben volle Tage zwischen der Einladung und Abhaltung der Generalversammlung liegen.

es kann sich aber auch in der Zeit bis zur Generalversammlung noch die Ergänzung der Tagesordnung als erforderlich ergeben, oder Mitglieder treten noch mit Anträgen hervor. Für solche Fälle bestimmt das Gesetz (§ 46), daß diese Gegenstände noch mindestens drei Tage vor der Generalversammlung angekündigt sein müssen.

Ueber nicht ordnungsmäßig bekannt gegebene Angelegenheiten kann ein Beschluß nicht gefaßt werden, hiervon sind ausgenommen Beschlüsse über Anträge auf Berufung einer außerordentlichen Generalversammlung und über die Leitung der Versammlung.

Die für den Beschluß zu erfordernde Mehrheit ist verschieden je nach der Angelegenheit, um die es sich handelt. So schreibt das Gesetz bereits für eine Anzahl Fälle als Mindesterforderniß eine $^3/_4$ Mehrheit vor, nämlich bei der Beschlußfassung

1. über die Abänderung des Statuts (§ 16 d. Ges.);
2. über die Abänderung des Gegenstandes des Unternehmens (§ 16 d. Ges.);
3. über die Erhöhung des Geschäftsantheils (§ 16 d. Ges.);
4. über den Widerruf der Bestellung zum Mitgliede des Aufsichtsrathes (§ 36 d. Ges.);
5. über die Auflösung der Genossenschaft (§ 78 d. Ges.);
6. über die Erhöhung der Haftsumme (§ 132 d. Ges.);
7. über Umwandlung einer Genossenschaft mit unbeschränkter Nachschußpflicht in eine solche mit unbeschränkter Haftpflicht oder einer Genossenschaft mit beschränkter Haftpflicht in eine solche mit unbeschränkter Haftpflicht oder mit unbeschränkter Nachschußpflicht (§ 144 d. Ges.).

Bei besonders wichtigen Gegenständen, z. B. bei der Beschlußfassung über Auflösung, hat sich als zweckmäßig erwiesen, noch ein Erschwerniß einzuführen, nämlich die Beschlußfähigkeit der Generalversammlung von der Anwesenheit einer bestimmten Anzahl Mitglieder, z. B. $^1/_3$, abhängig zu machen. Um aber auch die Beschlußfassung nicht über Gebühr zu erschweren, unter Umständen sogar unmöglich zu machen, ist dann eine Bestimmung erforderlich, daß, wenn die erforderliche Anzahl der Genossen in der Generalversammlung nicht anwesend ist, eine zweite Generalversammlung, die mit einem im Statut näher zu bestimmenden

Zwischenraum zur Erledigung derselben Tagesordnung anberaumt wird, ohne Rücksicht auf die Zahl der anwesenden Genossen giltig beschließen kann.

Die Art der Abstimmung muß durch das Statut bestimmt werden, wobei man in der Regel mit Abstimmung durch Aufheben der Hände auskommen wird; nur für Wahlen ist an der geheimen Abstimmung unbedingt festzuhalten.

Eine Bestimmung für die Beurkundung der Beschlüsse muß das Statut nach § 6 Abs. 3 d. Ges. enthalten. Bei der Beurkundung der Beschlüsse ist selbstverständlich größte Sorgfalt geboten.

Für die Ausübung des Stimmrechts bestimmt § 43 d. Ges.: „Jeder Genosse hat eine Stimme." Weder kann einem Genossen dies Stimmrecht entzogen*), noch kann ihm mehrfaches Stimmrecht eingeräumt werden. Dies gilt auch für die Genossenschaften mit beschränkter Haftpflicht, wenn ein Mitglied mehrere Geschäftsantheile erworben hat. Diese Bestimmung ist die nothwendige Folge des Personalcharakters der Genossenschaft und der Solidarhaft der Mitglieder. Durch Andere (Genossen oder Nichtgenossen) kann das Stimmrecht ausgeübt werden, wenn der Genosse handlungsunfähig, oder eine Korporation, Handelsgesellschaft, Genossenschaft oder ein Personenverein ist. Außerdem können weibliche Mitglieder ihr Stimmrecht einem Bevollmächtigten zur Wahrnehmung ihrer Rechte in der Generalversammlung übertragen, wenn das Statut die Theilnahme von Frauen an der Generalversammlung ausschließt. Ein zutreffender Grund für eine derartige Ausschließung ist nicht zu erkennen. Ein Bevollmächtigter kann nicht mehr als einen Genossen vertreten.

## 2. Vorstand und Aufsichtsrath in ihrer gegenseitigen Stellung.

Durch die Bestimmung des Gesetzes (§ 17), daß die Genossenschaften als Kaufleute im Sinne des Handelsgesetzbuches gelten und die Anerkennung der Genossenschaft als Rechtsperson, ver-

*) Nur der Ausgeschlossene verliert sein Stimmrecht nach § 68 d. Ges., und derjenige Genosse darf sein Stimmrecht nicht ausüben, welcher durch die Beschlußfassung entlastet (z. B. Vorstandsmitglieder) oder von einer Verpflichtung befreit werden soll.

möge deren sie Eigenthum erwerben, vor Gericht klagen und verklagt werden kann, sind die Genossenschaften in vieler Hinsicht in das System des Handelsrechts eingeordnet. Es ist ein im Handelsgesetzbuch durchgeführter und auch in das Genossenschaftsgesetz (§§ 24, 26, 27 d. Ges.) übertragener Grundsatz: „daß jede zu einem eigentlichen Geschäftsbetrieb vereinigte Gesellschaft durch ihre Vorstände dritten Personen gegenüber unbedingt vertreten und verpflichtet wird, und daß alle im Gesellschaftsvertrag hierin enthaltenen Beschränkungen den Vorstand nur der Gesellschaft gegenüber verpflichten, nicht aber das ohne ihre Beachtung abgeschlossene Geschäft Dritten gegenüber ungiltig machen."

Man hat, wie die Muster-Statuten und die Geschäftsanweisungen zeigen, zum Schutze gegen den Mißbrauch dieser Befugnisse wirksame Hilfsmittel nach mehreren Richtungen hin gesucht, welche wesentlich auf Einführung einer wirksamen, mit entscheidenden Befugnissen ausgerüsteten Kontrole hinauslaufen.

Der erste Schritt hierzu ist eine Art gegenseitiger Kontrole der Vorstandsmitglieder unter einander, die man dadurch erreicht, daß man zu jedem Geschäftsabschluß, namentlich zur Zeichnung von verpflichtenden Urkunden, die Mitwirkung von mindestens zwei Vorstandsmitgliedern erfordert.

Die Hauptsache bleibt die richtige Bemessung der dem eigentlichen Kontrolorgane, dem Aufsichtsrathe, zu übertragenden Rechte und Pflichten.

Schon das Angedeutete ergiebt: daß eine gemeinschaftliche Geschäftsführung des Vorstandes und Aufsichtsrathes unzulässig ist.

Nach §§ 24 ff. des Gesetzes ist die Vertretung der Genossenschaft und der Abschluß von Geschäften für sie in die Hände des Vorstandes gelegt, der darin nur durch Beamte oder Bevollmächtigte, niemals aber durch den Aufsichtsrath ersetzt werden kann. Der Aufsichtsrath nimmt die ihm durch das Gesetz ausdrücklich angewiesene Stellung als Kontrolbehörde ein. Darnach hat derselbe nicht die Geschäfte zu führen, sondern die gesammte Geschäftsführung des Vorstandes zu überwachen, sowie das ganze Kassen- und Rechnungswesen unter steter Aufsicht zu halten; er kann selbst die Vorstandsmitglieder vorläufig von der Geschäftsführung entheben, und wegen deren interimistischer Fortführung Anordnungen treffen (§ 40 d. Ges.). *)

Es ergiebt sich also mit Nothwendigkeit die strenge Scheidung beider Organe, die selbständige Konstituirung eines jeden, wie sie die Musterstatuten durchführen und wie sie durch das Gesetz geboten ist. Soll der Aufsichtsrath die Verwaltung überwachen, so darf er selbst nicht mit verwalten; soll der Vorstand durch den Aufsichtsrath in der Verwaltung überwacht werden, so darf er selbst nicht mit überwachen, sonst hebt Eins das Andere auf.

Es können nicht Dritten, sondern nur der Genossenschaft zur Sicherung ihrer Schadenansprüche gegenüber den Vorständen Beschränkungen in der Geschäftsführung auferlegt, sie bei gewissen Rechtshandlungen an die Genehmigung der Generalversammlung oder des Aufsichtsrathes gebunden werden. Dabei mag bis zu einem gewissen Grade die Anordnung gemeinsamer Sitzungen des Aufsichtsrathes und Vorstandes zweckmäßig sein, wie dies in den Musterstatuten geschehen ist. Niemals aber darf die Abstimmung dann in der Art stattfinden, daß nach Köpfen abgestimmt wird, so daß für die Abstimmung nur die Anzahl der aus beiden Organen anwesenden Personen gezählt wird, vielmehr haben Vorstand und Aufsichtsrath getrennt abzustimmen, so daß ein Beschluß nur dann zu Stande gekommen ist, wenn er sowohl die Mehrheit der Vorstandsmitglieder wie der Aufsichtsrathsmitglieder gefunden hat. Ebensowenig darf bei den Befugnissen des Aufsichtsrathes in Bezug auf eigentliche Verwaltungsmaßregeln über die Schranken einer einfachen Genehmigung hinausgegangen, niemals dem Aufsichtsrathe eine positive Einwirkung dabei, eine entscheidende Stimme bei der Vornahme solcher Geschäfte selbst zugestanden werden, er darf sie unter keinen Umständen veranlassen, vielmehr nur abweisen, sein Veto dagegen einlegen.

## 3. Der Vorstand.

Die Mitglieder des Vorstandes müssen Genossen sein (§ 9 d. Ges.). Daß man sie dadurch in die Lage bringen will, die

---

*) Nur in den Fällen der Prozeßführung gegen die Vorstandsmitglieder und bei den mit ihnen abzuschließenden Verträgen tritt der Aufsichtsrath als Vertreter der Genossenschaft auf (§ 37 d. Ges.).

Folgen des Gebrauchs jener Machtvollkommenheit selbst mit zu tragen, ist klar.

In Betreff der Wahl ist nicht vorgeschrieben, von wem sie vorgenommen werden soll. Wenn wir sie aber der Generalversammlung zuweisen, so hängt dies mit der weitgreifenden Machtvollkommenheit des Vorstandes zusammen. Die Gesammtheit der Mitglieder soll über die Personen entscheiden, welche sie an ihre Spitze gestellt wissen will, denen sie eine so große Gewalt einräumt. Die Wahl ausschließlich dem Aufsichtsrathe überlassen, hieße einerseits die Vorstandsmitglieder in eine bedenkliche Abhängigkeit vom Aufsichtsrathe versetzen und andererseits diesen, wenn bei der Wahl irgend ein Mißgriff hervorträte, in eine schwierige Stellung der Genossenschaft gegenüber bringen. Man wird also den Aufsichtsrath, um ihn der Verantwortlichkeit nicht zu entheben, mit entscheidender Stimme bei der Wahl betheiligen. Diese kann nicht durch beliebig von jedem Mitgliede bei der Wahlhandlung selbst ausgehende Aufstellung von Kandidaten bewirkt werden. Einerseits würde man dadurch einer Zersplitterung der Stimmen und Agitationen zu Gunsten Unfähiger bei guter Besoldung der Stellen ausgesetzt, andererseits bedingt aber auch jede Wahl, daß ihr eine Verständigung mit dem Kandidaten vorausgeht, ob und unter welchen Bedingungen dieser die fragliche Stellung anzunehmen bereit ist — und wem können diese Verhandlungen anders obliegen, als dem Aufsichtsrathe? — Demnach bleibt als Auskunftsmittel, um allen diesen Forderungen gerecht zu werden, nur der in den Musterstatuten eingeschlagene und von den meisten Vereinen bereits erprobte Weg übrig. Man überläßt nämlich dem Aufsichtsrathe, vorschlagsweise die zu wählenden Personen zu benennen. Dabei hat dann der Aufsichtsrath nur einen Kandidaten vorzuschlagen, da bei dem Vorschlag Mehrerer zur Auswahl wieder zum Theil die eben geschilderten Gefahren entstehen. Die Generalversammlung hat nur über den vorgeschlagenen Kandidaten abzustimmen, wobei die Abstimmung in der Regel mit „ja" oder „nein" erfolgen wird, jedenfalls die Stimmen, welche auf andere Personen fallen, ungiltig sind. Lehnt die Generalversammlung den Kandidaten ab, so wird die Angelegenheit als vertagt zu betrachten sein, der Aufsichtsrath aber hat sich schlüssig zu machen, ob er der

Generalversammlung dieselbe Person nochmals in Vorschlag bringt oder den bei den Verhandlungen über die Wahl geäußerten Wünschen der Mitglieder nachkommen kann. Findet der Aufsichtsdrath, daß sein Vorschlag ohne zutreffende Gründe abgelehnt ist, oder daß Zufälligkeiten einen bestimmenden Einfluß ausübten, so wird er den Vorschlag in der nächsten Generalversammlung erneuern. Erfolgt wiederum die Ablehnung, so werden sorgfältige Erwägungen das weitere Verhalten des Aufsichtsrathes bestimmen. — Regeln lassen sich für solche Fälle nicht geben.

Müssen auch die Mitglieder des Vorstandes Genossen sein, so brauchen sie deswegen nicht aus der Mitte der Genossen gewählt zu werden, es genügt, wenn sie bei der Uebernahme des Amtes bezw. der Anmeldung zur Eintragung in das Genossenschaftsregister Genossen sind; deswegen empfiehlt sich auch keine weitergehende Beschränkung im Statut, man würde sonst die Auswahl unnöthigerweise einengen. Auch hier wiederholen wir den Rath, stets darauf bedacht zu sein, daß unter den Vorstandsmitgliedern sich eine mit der Buchführung durchaus vertraute Kraft befindet. Es müssen die anderen Vorstandsmitglieder sich aber schleunigst die nöthigen Kenntnisse erwerben, da sie für die ordnungsmäßige Buchführung verantwortlich sind (§ 33 d. Ges.).

Die Wahlen selbst sind stets so vorzunehmen, daß sie vor bezw. bei Ablauf der Wahlperiode stattfinden, da anderenfalls die Geschäfte von Personen geführt werden, die rechtlich dazu nicht mehr befugt sind. Dies läßt sich dadurch erreichen, daß man die Wahlperiode mit dem Geschäftsjahr zusammenfallen läßt und die Wahlen in der letzten Generalversammlung vor Ablauf des Geschäftsjahres vornimmt.

Für größere Genossenschaften mit berufsmäßigen Vorstandsmitgliedern ist die Anstellung auf Kündigung vorzuziehen, die die Vorstandsmitglieder unabhängiger von zufälligen Agitationen in der Generalversammlung macht. Die Kündigung ist dann eine gegenseitige. Für die Genossenschaft wird dieselbe durch den Aufsichtsrath ausgeübt, doch muß gegen die Kündigung entweder dem Vorstandsmitgliede Berufung an die Generalversammlung gewährt werden, oder man läßt die Kündigung allgemein auf Antrag des Aufsichtsraths durch die Generalversammlung beschließen. Würde man die Kündigung allein in das Ermessen des Aufsichtsraths stellen, so würde dadurch natürlich die Stellung des Vorstandes dem Aufsichtsrathe gegenüber nachtheilig beeinflußt werden.

In Betreff der Zeichnung des Vorstandes und der Stellvertretung ist besonders hervorzuheben, daß die Zeichnung durch die Vorstandsmitglieder bei allen Geschäften in einer und derselben Art geschehen muß. Die Vertretung des Vereins und demgemäß die Zeichnung durch den Vorstand geschieht nach § 25 d. Ges. in der durch das Statut bestimmten Weise und muß, wenn es an einer solchen Bestimmung fehlt, durch sämmtliche Vorstandsmitglieder erfolgen. Weniger als zwei Vorstandsmitglieder dürfen nach dem Gesetz hierfür nicht bestimmt werden. Von dieser Vorschrift kann im Statut auch nicht bei einer Gattung von Geschäften wieder abgegangen, und, z. B. etwa bei Annahme von Spareinlagen, nur eine Unterschrift, die des Kassirers, bei anderen dagegen, wie etwa bei Zeichnung von Schuldscheinen über aufgenommene Anlehen, die der sämmtlichen drei Vorstandsmitglieder gefordert werden.

Vorsorge zu treffen ist im Statut für die Vertretung im Falle dauernder Behinderung oder Amtsenthebung von Vorstandsmitgliedern (vgl. § 40 d. Ges.). Hierbei ist noch die Stellung der Stellvertreter von Vorstandsmitgliedern klarzustellen, die im Voraus bestellt werden.

Diese Stellvertreter müssen als Vorstandsmitglieder zur Eintragung in das Genossenschaftsregister angemeldet werden und die Eintragung hat ohne Beschränkung ihrer Vertretungsbefugniß zu erfolgen. Die „Stellvertreter" sind also nach dem Gesetz vollberechtigte und vollverpflichtete Vorstandsmitglieder. Nach § 27 d. Ges. gilt die Wirkungslosigkeit einer Beschränkung der Befugniß des Vorstandes, die Genossenschaft zu vertreten, insbesondere für den Fall, daß die Vertretung „nur unter gewissen Umständen oder für eine gewisse Zeit stattfinden soll".

Daß die Geschäftsführung bei einer Mehrzahl von Vorstandsmitgliedern eine kollegialische sein muß, ist natürlich. Zu diesem Zwecke müssen regelmäßige Sitzungen nach Zeit und Ort ein- für allemal bestimmt, unter Leitung des Vorsitzenden stattfinden, in denen die laufenden Geschäfte nach Stimmenmehrheit (bei zwei Vorstandsmitgliedern Stimmeneinheit) erledigt werden, nur bei Berufung einer außerordentlichen Sitzung ist die Bekanntmachung der Gegenstände mit der Einladung zu verbinden, für die regelmäßigen Sitzungen ist dies nicht erforderlich. Die Obliegenheiten des Vorstandes im Einzelnen sind durch eine von Vorstand und Aufsichtsrath aufzustellende, von der Generalversammlung zu genehmigende Geschäftsanweisung zu ordnen. Solche sind in den Abschn. VII—IX mitgetheilt. Auf diese Geschäftsanweisung muß der größte Werth gelegt werden, besonders für kleine und mittlere Vereine, für die sie so recht geeignet ist, die Vorstandsmitglieder mit ihren Obliegenheiten vertraut zu machen und an eine geordnete Verwaltung zu gewöhnen.

Von besonderer Bedeutung für die Verantwortlichkeit des Vorstandes ist die Aufstellung der Bilanz und die Sorge für eine gehörige Buchführung, da die erstere die Probe, die letztere eine der unerläßlichen Vorbedingungen jeder geordneten Geschäftsführung ist. Auch ohne die spezielle Verweisung des § 33 d. Ges. darauf würden diese Verpflichtungen den Vorstand nach dem Handelsgesetzbuch treffen, dem die Genossenschaften als Kaufleute im Allgemeinen durch § 17 d. Ges. unterstellt sind. Aus diesem Grunde haben sie auch den Bestimmungen dieses Gesetzbuchs über die Buchführung, Inventuraufnahme und Aufstellung der Bilanz zu genügen.

Daß Besoldung und Kaution in einem besonderen Dienstvertrage mit den Vorstandsmitgliedern gleich nach der Wahl festgestellt werden müssen, versteht sich von selbst.

Das Gesetz überträgt dem Vorstande eine Anzahl Obliegenheiten: der Vorstand hat für die nach den §§ 14, 15, 16 Abs. 3, 28, 33 Abs. 2 (§ 139), 51 Abs. 4, 63 Abs. 2, 69, 76 Abs. 2, 77 Abs. 2, 78 Abs. 2, 79 Abs. 2, 84 Abs. 1, 133 Abs. 2, 143 Abs. 3, 157 Abs. 2 d. Ges. nothwendigen Anmeldungen, Anzeigen an das Gericht und für die vorgeschriebenen Veröffentlichungen über die daselbst bezeichneten Gegenstände zu sorgen, auch die ihm in den §§ 8 Abs. 2, 30, 33 Abs. 2, 47, 48 Abs. 2, 51 Abs. 3, 61 Abs. 2, 63 Abs. 1 d. Ges. auferlegten Verpflichtungen zu erfüllen, widrigenfalls ihn die in dem Gesetz § 160 auf die Unterlassung gesetzten Strafen treffen.

Die nach den Bestimmungen in §§ 10, 11, 14, 16, 28, 78,

79, 84, 85 Abs. 2, 133, 143, 144 d. Ges. vorgeschriebenen Anmeldungen zum Genossenschaftsregister müssen durch sämmtliche Mitglieder des Vorstandes persönlich bewirkt oder in beglaubigter Form eingereicht werden. Bei den sonstigen Anzeigen, Einreichungen und Erklärungen zum Genossenschaftsregister oder zu der Liste der Genossen bedarf es weder der Mitwirkung sämmtlicher Vorstandsmitglieder noch der beglaubigten Form, sie sind aber in der für die Willenserklärungen der Vorstandsmitglieder vorgeschriebenen Form zu erstatten (§ 157 d. Ges.).

Von den gesetzlichen Obliegenheiten des Vorstandes ist von besonderer Wichtigkeit die Veranlassung der Revision nach Maßgabe der §§ 53 ff. d. Ges.

§ 53 d. Ges. bestimmt: „Die Einrichtungen der Genossenschaft und die Geschäftsführung derselben in allen Zweigen der Verwaltung sind mindestens in jedem zweiten Jahre der Prüfung durch einen der Genossenschaft nicht angehörigen, sachverständigen Revisor zu unterwerfen."

Gehört die Genossenschaft keinem Revisionsverbande an, so hat der Vorstand nach § 61 d. Ges. zu handeln, der vorschreibt:

„Für Genossenschaften, welche einem Revisionsverbande (§§ 55 bis 57) nicht angehören, wird der Revisor durch das Gericht (§ 10) bestellt.

Der Vorstand der Genossenschaft hat die Bestellung zu beantragen.

Die Bestellung erfolgt, nachdem die höhere Verwaltungsbehörde über die Person des Revisors gehört ist. Erklärt die Behörde sich mit einer von der Genossenschaft vorgeschlagenen Person einverstanden, so ist diese zum Revisor zu bestellen."

Es muß aber dringend jeder Genossenschaft empfohlen werden, sich einem der bewährten Revisionsverbände anzuschließen, denen nach § 54 d. Ges. das Recht verliehen ist, den Revisor zu bestellen. Der Revisionsverband bietet den Vortheil, daß die angeschlossenen Genossenschaften selbständig den Revisor wählen können, was von großer Bedeutung ist, da der Revisor Vertrauensperson der Genossenschaft sein muß, die als solche zur Prüfung der Geschäftsführung erscheint und Vorstand und Aufsichtsrath mit Rath und That zur Seite steht. Ueberhaupt ist die Zugehörigkeit zu einem leistungsfähigen Verbande für die Genossenschaften von großem Werth, denn außer der Revision verfolgt z. B. ein dem Allgemeinen Verbande der deutschen Erwerbs- und Wirthschaftsgenossenschaften angehöriger Genossenschaftsverband in der Regel folgende Zwecke:

die Förderung der wirthschaftlichen Interessen der verbundenen Genossenschaften, sowie die gemeinsame Vertretung dieser Interessen nach Außen;

die Einwirkung auf die verbundenen Vereine zur Durchführung der Beschlüsse der Verbandstage und der Allgemeinen Genossenschaftstage, namentlich in Betreff einer geordneten Verwaltung und einer regelmäßigen Kontrole;

den gegenseitigen Austausch von Erfahrungen unter den Genossenschaften;

die Ertheilung von Rath und Auskunft an die zum Verbande gehörenden Genossenschaften auf deren Anfrage;

Unterhaltung eines steten Verkehrs mit dem Anwalt des Allgemeinen Verbandes der deutschen Erwerbs- und Wirthschaftsgenossenschaften.

## 4. Der Aufsichtsrath.

Der Aufsichtsrath besteht, sofern nicht das Statut eine höhere Zahl festsetzt, aus drei von der Generalversammlung zu wählenden Mitgliedern (§ 36 d. Ges.).*) Natürlich erhöht man obige Zahl nach Verhältniß des Geschäftsumfanges der Genossenschaft. Wie die Vorstandsmitglieder, müssen auch die Aufsichtsrathsmitglieder Genossen sein (§ 9 d. Ges.). Daß dieselben nicht gleichzeitig dem Vorstande angehören dürfen (§ 37 d. Ges.), ist bereits besprochen.

Die Wahlperiode wird man nicht zu kurz und nicht zu lang bemessen. Drei Jahre hat sich als eine angemessene Zeit ergeben. Es ist aber Vorsorge zu treffen, daß die Aufsichtsrathsmitglieder nicht alle gleichzeitig sich der Wahl zu unterziehen haben, damit nicht etwa ein vollständig neu zusammengesetzter Aufsichtsrath aus der Wahl hervorgeht, dem jeder Zusammenhang mit der bisherigen Verwaltung fehlen würde, wodurch der Geschäftsgang erheblich gestört werden möchte.

Für die Vornahme der Wahlen gelten die gleichen Grundsätze wie bei den Vorstandswahlen; entweder fällt die Wahlperiode mit dem Geschäftsjahr zusammen, dann müssen die Wahlen in der

*) Die Wahl kann nach dem Gesetz nur durch die Generalversammlung erfolgen; so ist insbesondere Kooptationswahl unzulässig.

letzten Generalversammlung vor Ablauf derselben stattfinden, oder man läßt die Wahlperiode von Generalversammlung bis Generalversammlung laufen und wählt in der Generalversammlung, in der die Wahlperiode zu Ende geht. Für die Wahl ist absolute Mehrheit zu fordern, damit nicht in Folge Stimmenzersplitterung Personen in den Aufsichtsrath gelangen, die die Mehrheit der Mitglieder für ungeeignet hält.

Die Wahl sämmtlicher Mitglieder wird in einem und demselben Wahlgange vorzunehmen sein, da es sich nicht, wie beim Vorstande, um verschiedene Funktionen der Einzelnen handelt, vielmehr alle gleichmäßig zur Mitwirkung bei den ihnen gemeinsam übertragenen Geschäften berufen werden. Aus diesem Grunde hat man ihnen auch ihre Konstituirung durch Wahl eines Vorsitzenden und Schriftführers, und nach Befinden von Stellvertretern, zu überlassen, zu welchem Zwecke sie baldigst nach ihrer Wahl zu einer Sitzung zusammentreten, die event. vom Vorstande zu veranlassen ist.

Die Geschäftsbehandlung muß eine kollegialische sein. Was in dieser Hinsicht über regelmäßig stattfindende und außerordentliche Sitzungen, deren Berufung und Leitung durch den Vorsitzenden in Bezug auf den Vorstand gesagt, das gilt auch für den Aufsichtsrath. Die zu einer Beschlußfassung erforderliche Zahl ist durch das Statut zu bestimmen (§ 36 d. Ges.). Dabei muß einer gewissen Anzahl der Mitglieder des Aufsichtsrathes, sowie dem Vorstande das Recht zugestanden werden, jederzeit die Berufung einer solchen Sitzung zu fordern. Auch müssen stets Protokolle über die Sitzungen aufgenommen und sicher aufbewahrt werden. Darin sind aufzuführen:

a) die Beschlüsse in genauer Fassung;
b) die Personen der in den Sitzungen Anwesenden, nebst Feststellung der Beschlußfähigkeit;
c) der Vermerk über die entschuldigt Ausgebliebenen;
d) bei außerordentlichen Sitzungen der Nachweis der ordnungsmäßigen Berufung.

Da die Feststellung dieser Punkte nicht nur wegen der für gewisse Fälle zu führenden Legitimation, sondern auch wegen der Verantwortlichkeit des Aufsichtsraths erforderlich ist, so muß man es sehr genau damit nehmen, und die bei der Beschlußfassung wie bei Abfassung und Unterzeichnung der Protokolle zu beobachtenden Formen speziell im Statut feststellen; Unterzeichnung durch alle in den Sitzungen Erschienenen ist unbedingt erforderlich.

Eine Enthebung der Aufsichtsrathsmitglieder vom Amte kann auch vor Ablauf der Wahlperiode durch die Generalversammlung jederzeit erfolgen und ist nicht an das Vorliegen gesetzlich oder statutarisch bestimmter Gründe gebunden. Der Beschluß bedarf einer Mehrheit von drei Viertheilen der erschienenen Genossen, Erschwernisse oder Erleichterungen für die Beschlußfassung durch das Statut einzuführen, ist unzulässig. Der Antrag auf Enthebung kann vom Vorstande, vom Aufsichtsrathe oder den Mitgliedern (in der für die Antragstellung der Mitglieder erforderlichen Anzahl) ausgehen.

Werden hierdurch, oder den Tod oder freiwilligen Austritt Stellen im Aufsichtsrathe erledigt, so werden in der Regel Nachwahlen nicht erforderlich sein, wenn der Aufsichtsrath so zahlreich ist, daß die Durchführung der Obliegenheiten dadurch nicht wesentlich erschwert wird; nur wenn dies zu befürchten ist, muß eine Nachwahl vorgenommen werden auf den Rest der Wahlperiode des Ausgeschiedenen.

Weshalb die Obliegenheiten des Aufsichtsraths in der Kontrole, nicht in der Verwaltung beruhen, ist bereits (V 2) auseinandergesetzt und dabei wegen Begrenzung der Zuständigkeit zwischen ihm und dem Vorstande, sowie wegen des Ineinandergreifens der Thätigkeit beider das Nöthige bemerkt. Eine Ausnahme hiervon findet nur in den im § 39 d. Ges. bestimmten Fällen statt, wo es sich dem Vorstande selbst gegenüber um Vornahme gewisser Angelegenheiten im Interesse der Genossenschaft handelt, so daß, in Ermangelung eines anderen Organs, der Aufsichtsrath zu deren Vertretung berufen werden mußte. Es beschränkt sich dies auf „die Führung der von der Generalversammlung beschlossenen Prozesse gegen den Vorstand und den Abschluß von Verträgen mit demselben", wobei namentlich der Dienstvertrag in Betracht kommt, in dem die Stellung und Besoldung des Vorstandes zu bestimmen ist.

In unmittelbarem Zusammenhange damit steht das Einschreiten des Aufsichtsraths bei der ihm nach § 40 d. Ges. zufallenden vorläufigen Geschäftsenthebung des Vorstandes und der damit verbundenen Sorge wegen einstweiliger Fortführung der Geschäfte bis zur Entscheidung der Generalversammlung, die er alsdann sofort zu berufen hat. Indessen darf man auch hier die ihm obliegende Fürsorge nicht auf eigentliche Geschäftsabschlüsse mit Dritten ausdehnen. Nicht die einstweilige Fortführung der Geschäfte wird dem Aufsichtsrathe im Gesetz übertragen, vielmehr soll er nur „die nöthigen Anstalten wegen dieser Fortführung treffen". Und diese Anstalten können, außer der augenblicklichen Sicherung der Kassenbestände 2c., in nichts Anderem, als in der sofortigen Bestellung von Stellvertretern für den suspendirten Vorstand bestehen. Der Aufsichtsrath ist bei der Bestellung der Stellvertreter aus seiner Mitte durch § 37 beschränkt, indem der Aufsichtsrath nur für einen im Voraus begrenzten Zeitraum einzelne seiner Mitglieder zu Stellvertretern von behinderten Mitgliedern des Vorstandes bestellen kann.

Wir gehen nun von dieser nur bei außergewöhnlichen Vorkommnissen stattfindenden Thätigkeit des Aufsichtsraths zu den ihm stetig obliegenden Funktionen in Bezug auf die Kontrole, die Ueberwachung der Geschäftsführung des Vorstandes über, in der wir den wesentlichen Endzweck seiner Einsetzung finden. Das Gesetz ertheilt dem Aufsichtsrath zu diesem Behufe in § 38 d. Ges. die weitgehendsten Befugnisse.

In der Ertheilung dieser Befugnisse liegt aber zugleich die Verpflichtung zu deren zweckentsprechendem Gebrauch, wie ihn die Ueberwachung der Geschäftsführung erfordert, welche dem Aufsichtsrathe zugewiesen ist.

Hatten wir bei dem Vorstande die Aufstellung einer Geschäftsanweisung für nothwendig erklärt, so gilt dies noch mehr für den Aufsichtsrath, in den vielfach Personen eintreten mit geringer Kenntniß ihrer Obliegenheiten und für die eine möglichst bestimmte Einführung in diese erforderlich ist. Zweck solcher Einführung ist die Geschäftsanweisung und man wird sogar gut thun, diese stets von den Aufsichtsrathsmitgliedern unterzeichnen zu lassen, um die Gewißheit der Kenntnißnahme zu haben (vgl. Abschn. VII—IX).

Daß in den Sitzungen des Aufsichtsraths auf dessen Erfordern die Mitglieder des Vorstandes erscheinen müssen, um Auskunft zu ertheilen, ist lediglich eine Konsequenz der Befugnisse des Ersteren, ebenso wird man die Anberaumung und Leitung der gemeinschaftlichen Sitzungen beider Organe dem Vorsitzenden des Aufsichtsraths zu übertragen und dem Vorstande nur vorzubehalten haben, jederzeit unter Angabe des Gegenstandes der Verhandlung eine solche zu verlangen.

Die erste Stelle unter den Kontrolfunktionen nehmen die Revisionen des Geschäfts- und Kassenstandes ein. Dieselben finden entweder regelmäßig in gewissen Zwischenräumen, z. B. vierteljährlich, unter allen Umständen aber am Schlusse des Geschäftsjahres statt. Und wenn man sich bei den ersteren mit einer Prüfung der Buchführung im Allgemeinen und Vergleichung von deren Ergebnissen mit den vorhandenen Beständen an Geld, Werthpapieren, Dokumenten und in einzelnen Konten und Geschäftszweigen begnügen kann, insofern keine Anstände dabei hervortreten, so muß dagegen bei der letzteren mit dem völligen Abschluß der Bücher und einer durchgreifenden Inventur vorgegangen werden. Außer diesen regelmäßigen Revisionen muß aber mindestens einmal in jedem Jahre und außerdem bei jedem irgend bedenklichen Anzeichen eine außerordentliche Revision vorgenommen werden, die den Vorstand völlig unvorbereitet trifft und so am sichersten Aufschluß über die Ordnung und Zuverlässigkeit seiner Geschäftsführung gewährt. Da diese Arbeit nicht nur Zeit, sondern auch Erfahrung und Fachkenntniß erfordert, wenn sie zum Ziele führen soll, so ist es nicht zweckmäßig, den Aufsichtsrath in seiner Gesammtheit damit zu befassen. Theils würde dadurch das Verfahren schwerfällig, theils gewinnt man Nichts, wenn man eine so große Zahl von Personen vielleicht mehrere Tage ihrer Berufsthätigkeit entzieht, indem ja höchstens doch nur ein Theil von ihnen der betreffenden Aufgabe gewachsen ist. Aus diesem Grunde empfiehlt es sich, eigene Kommissionen zu bilden, welche der Aufsichtsrath aus seinen besonders dazu geeigneten Mitgliedern entweder ein- für allemal oder für jeden einzelnen Fall zu dem Revisionsgeschäft erwählt. Werden solche Kommissionen bestellt, dann sind die Genossenschaften aber dringend davor zu warnen, daß die Kommissionen immer aus denselben Personen zusammengesetzt werden, da der Wechsel in den Personen eine gewisse Bürgschaft für die Aufdeckung von etwaigen Unregelmäßigkeiten bietet und andererseits verhindert, daß einzelne Vorstandsmitglieder und einzelne Aufsichtsrathsmitglieder sich zum Schaden der Genossenschaft verbinden. Wenigstens ein Theil der Kommissionsmitglieder sollte von Zeit zu Zeit ersetzt werden.

Erscheint die Lage irgend bedenklich oder fehlt es an hinlänglich geübten Mitgliedern, so soll man einen kaufmännischen Bücherrevisor*) oder sonst eine in diesen Dingen erprobte, dem Verein nicht zugehörige Persönlichkeit zuzuziehen. Daß man freilich derartige Hilfsleistungen sich nicht ohne angemessene Bezahlung verschaffen kann, versteht sich von selbst und hiermit kommen wir an die Besoldungsfrage in Bezug auf den Aufsichtsrath überhaupt.

Diese Frage ist je nach den Ansprüchen, welche man an die Thätigkeit des Aufsichtsrathes stellt, verschieden zu beantworten. Wo, wie in der Mehrzahl der Vereine, nur einzelne Sitzungen von wenigen Stunden, vielleicht eine in zwei Wochen, zur Erledigung der laufenden Geschäfte erforderlich sind, wird man von einer Besoldung füglich absehen können, und es haben sich noch überall Personen gefunden, die die Stellung aus Interesse für den Verein, mit welchem ja das eigene zusammenfällt, und wegen des Einflusses auf die Verwaltung als Ehrenamt anzunehmen bereit waren. Aber selbst in diesem Falle ist es zweckmäßig, bei außergewöhnlichen, Zeit und Kraft mehr in Anspruch nehmenden Arbeiten, z. B. Geschäfts- und Kassen-Revisionen, eine Entschädigung für Versäumnisse im eigenen Geschäft, etwa in der Form von Tagegeldern und Sitzungshonoraren, zu gewähren.**) Und diese Art der Entschädigung wird überhaupt der Stellung des Aufsichtsrathes auch da entsprechen, wo seine Mitglieder durch ihre regelmäßige Thätigkeit in Sitzungen u. dergl. dergestalt in Anspruch genommen werden, daß ihr Privaterwerb Abbruch erleidet. Schon weil nicht Alle gleichmäßig die vorkommenden Funktionen werden wahrnehmen

*) Vereine, die einem Revisionsverbande angehören, wenden sich zweckmäßig an den Verbandsdirektor, der dann den Verbandsrevisor schickt.

**) Die Zusicherung einer im Voraus nach dem Geschäftsergebniß bemessenen Vergütung (Tantième) ist durch § 36 d. Ges. verboten.

können, erscheint eine solche Vergütung nach dem Maße der Theilnahme daran einem festen Gehalte vorzuziehen. Es sollte niemals die Besoldung der Aufsichtsrathsmitglieder so hoch bemessen sein, daß die Stellen als Einnahmequellen gesucht werden.

Die Frage der Verantwortlichkeit der Mitglieder des Aufsichtsraths ist in § 41 d. Ges. geordnet: Die Mitglieder des Aufsichtsraths haben die Sorgfalt eines ordentlichen Geschäftsmannes anzuwenden.

Mitglieder, welche ihre Obliegenheiten verletzen, haften der Genossenschaft persönlich und solidarisch üfr den dadurch entstandenen Schaden.

Wer der Mitwirkung bei den überkommenen Obliegenheiten sich entzieht, handelt ebenso pflichtwidrig, wie die, die bei verderblichen Beschlüssen und Maßnahmen mit thätig sind, da er diese durch seine Theilnahme an den betreffenden Berathungen hätte hindern können und sollen. Natürlich ändert sich dies in Beziehung auf solche Geschäfte, welche besonderen Kommissionen des Aufsichtsraths übertragen sind. Soweit dies ein- für allemal im Statut bestimmt ist, oder in jedem Falle von der Generalversammlung genehmigt wird, haften die Kommissions-Mitglieder ausschließlich für die bei Wahrnehmung ihrer Obliegenheiten vorgekommenen Versehen. Wird aber ein derartiger Auftrag vom Aufsichtsrahte einseitig, ohne die erwähnte Bestätigung des Vereins, an einzelne seiner Mitglieder ertheilt, so kann derselbe die Letzteren zwar in erster Linie für die Ausführung verantwortlich machen, ohne aber dadurch dem Verein gegenüber selbst von der Vertretung dafür befreit zu werden.

Schließlich ist noch der Mitwirkung des Aufsichtsraths bei der nach Maßgabe der §§ 53 ff. d. Ges. vorzunehmenden Revision durch einen der Genossenschaft nicht angehörigen sachverständigen Revisor zu erwähnen. Nach § 63 d. Ges. ist der Aufsichtsrath zu dieser Revision zuzuziehen, d. h. der Vorstand hat den Vorsitzenden des Aufsichtsraths zu benachrichtigen, wann die Revision stattfindet. Nicht nothwendig erscheint es, daß der Aufsichtsrath dann vollzählig sich bei der Revision einfindet, wohl aber ist er verpflichtet, in einer Sitzung diejenigen seiner Mitglieder zu bestimmen, welche der Revision beiwohnen sollen. In den Genossenschaften, die den Unterverbänden des Allg. Verbandes der deutschen Erwerbs- und Wirthschaftsgenossenschaften angehören, findet nach durchgeführter Revision eine gemeinschaftliche Sitzung von Vorstand und Aufsichtsrath statt, und hier ist es Pflicht des Aufsichtsraths möglichst vollzählig zu erscheinen; nur aus ganz zwingenden Gründen darf ein Aufsichtsrathsmitglied fernbleiben, denn diese Sitzung kann für die Entwickelung und Gestaltung der Genossenschaft von der größten Bedeutung sein, hier erfahren die Aufsichtsrathsmitglieder möglicherweise schwerwiegende Vorkommnisse, die ihnen selbst entgangen sind, aus diesen Sitzungen endlich können sie mindestens viel Belehrung schöpfen. Als eine gesetzliche Pflicht des Aufsichtsraths kommt dann noch hinzu, in der auf die Revision folgenden Generalversammlung „sich über das Ergebniß der Revision zu erklären". Diese Aufgabe wird in der Regel dem Vorsitzenden des Aufsichtsraths zufallen. Es ist nicht der Revisionsbericht vorzutragen, sondern über das Ergebniß zu berichten, und nur auf Beschluß der Generalversammlung würde der Bericht zu verlesen sein.

### 5. Beamte und Bevollmächtigte.

Der § 42 d. Ges. verordnet:

„Der Betrieb von Geschäften der Genossenschaft, sowie die Vertretung der letzteren in Bezug auf diese Geschäftsführung kann auch sonstigen Bevollmächtigten oder Beamten der Genossenschaft zugewiesen werden. In diesem Falle bestimmt sich die Befugniß derselben nach der ihnen ertheilten Vollmacht; sie erstreckt sich im Zweifel auf alle Rechtshandlungen, welche die Ausführung derartiger Geschäfte gewöhnlich mit sich bringt.

Die Bestellung von Prokuristen oder von Handlungsbevollmächtigten zum gesammten Geschäftsbetriebe findet nicht statt."

Durch den zweiten Absatz ist eine Streitfrage entschieden. Schulze-Delitzsch hatte sich auch auf Grund des Gesetzes von 1868 gegen die Zulassung der Bestellung von Prokuristen erklärt, sowohl aus rechtlichen Gründen, wie deswegen, weil ein praktisches Bedürfniß der Zulassung von Prokuristen nicht vorliegt.

Zugelassen ist die Bestellung von Bevollmächtigten und Beamten. Wie sich diese nach § 42 d. Ges. von den im Handelsgesetzbuch aufgeführten unterscheiden, ergiebt sich ohne Weiteres. Nicht der Betrieb der Geschäfte der Genossenschaft, d. h. der

Geschäftsbetrieb der Genossenschaft überhaupt, sondern der Betrieb von Geschäften der Genossenschaft; nicht die Vertretung der Genossenschaft in Beziehung auf die Geschäftsführung, sondern: die Vertretung „in Bezug auf diese Geschäftsführung" soll nach dem Gesetz Bevollmächtigten oder Beamten zugewiesen werden können. Dabei soll sich „die Befugniß derselben nach der ihnen ertheilten Vollmacht" bestimmen, und „sich im Zweifel auf alle Rechtshandlungen erstrecken, welche die Ausführung derartiger (nicht der) Geschäfte gewöhnlich mit sich bringt". Nur vom Betriebe einzelner Geschäfte oder Geschäftszweige ist demnach hier die Rede, nur von der Vertretung der Genossenschaft in diesen besonderen Geschäften oder Geschäftszweigen, keineswegs von Leitung der Genossenschaft im Ganzen, von Vertretung derselben in allen zu ihrem Geschäftsbetriebe überhaupt gehörigen Angelegenheiten. Die Befugniß dieser Bevollmächtigten und Beamten bewegt sich daher lediglich innerhalb der ihnen ausdrücklich vom Vorstande ertheilten Vollmacht, und nur wenn diese in einem Punkte Zweifel übrig läßt, erstreckt sie sich auf Vornahme aller Handlungen, welche die Ausführung derartiger Geschäfte, d. h. von Geschäften, wie sie ihnen besonders übertragen sind, erfordert.

## VI. Protokoll über die Gründung einer Genossenschaft.

Verhandelt . . . . . den . . . . 19 . .

Die Versammlung wird um 7 Uhr abends durch Herrn . . . eröffnet und von demselben Herr . . . zum Schriftführer ernannt.

Es sind 52 Personen anwesend.

Der Vorsitzende erläutert den Zweck der Versammlung, eine Werkgenossenschaft zu gründen, und vertheilt unter den Anwesenden einen Statutenentwurf, der von der Kommission beschlossen ist, welche zur Ausarbeitung eines Statutenentwurfes in der am . . . . zu . . . . abgehaltenen Versammlung eingesetzt ist.

Es schließt sich an die Ausführungen des Vorsitzenden eine längere Debatte, an der sich die Herren . . . . betheiligen.

Nach Schluß derselben fordert der Vorsitzende diejenigen, welche bereit sind, sich an der Gründung der Werkgenossenschaft zu betheiligen, auf, zu bleiben und in die Berathung des Statuts einzutreten.

Es wird eine Pause von 10 Minuten gemacht.

Nach Wiedereröffnung der Versammlung sind 45 Personen anwesend. Der Vorsitzende schlägt vor, daß der Entwurf des Statuts zunächst verlesen, dann paragraphenweise durchberathen wird.

Nach Verlesung des dem Protokoll als Anlage beigefügten Statuts stellt Herr . . . . den Antrag, dasselbe en bloc anzunehmen.

Der Antrag wird einstimmig angenommen und das anliegende Statut von 45 Personen unterschrieben.

Auf Antrag des Vorsitzenden schreiten die 45 Personen, welche das Statut unterschrieben haben, sofort zur Wahl des Aufsichtsraths.

Nach § . . des Statuts sind 7 Aufsichtsrathsmitglieder in einem Wahlakt zu wählen.

Die Abstimmung ergiebt folgendes Resultat:

Abgegeben sind 45 Stimmzettel, von denen 43 giltig sind, die absolute Mehrheit beträgt daher 22.

Es haben erhalten:

| | | |
|---|---|---|
| 1. | Herr | . 40 |
| 2. | „ | . 38 |
| 3. | „ | . . . 42 |
| 4. | „ | . . . 39 |
| 5. | „ | . . . 37 |
| 6. | „ | . . . 40 |
| 7. | „ | . . . . 43 |
| 8. | „ | . . . . . . . . 17 |
| 9. | „ | . . . . . . . . 10 |

Fünf weitere Stimmen haben sich zersplittert.

Gewählt sind demnach die Herren .... (1 bis 7); dieselben erklären sich sämmtlich zur Annahme der Wahl bereit.

Der Vorsitzende vertagt die Versammlung auf ½ Stunde zur Konstituirung des Aufsichtsrathes.

Nach Wiedereröffnung übernimmt Herr ... als Vorsitzender des Aufsichtsraths den Vorsitz. Er theilt mit, daß der Aufsichtsrath

zum Direktor den Herrn .... vorschlage.

Es wird zur Wahl geschritten.

Es werden 39 giltige Stimmzettel abgegeben, die alle ein „Ja" enthalten.

Herr .... ist demnach zum Direktor gewählt und erklärt sich bereit, die Wahl anzunehmen.

(In gleicher Weise erfolgt die Wahl der anderen Vorstandsmitglieder).

Um 12 Uhr schließt der Vorsitzende die Versammlung.

v. g. u.

Unterschriften.

(Nach Maßgabe der Bestimmungen des angenommenen Statuts über die Unterzeichnung des Protokolls der Generalversammlung. Zu unterzeichnen ist von den Mitgliedern auch das Statut, insbesondere ist unbedingt nothwendig, daß sämmtliche Vorstands- und Aufsichtsrathsmitglieder das Statut unterschreiben.)

# VII.

## 1. Muster-Statut einer Rohstoffgenossenschaft.

**Statut der Rohstoffgenossenschaft zu . . . . . . . . . . . . . . . .**
eingetragene Genossenschaft mit beschränkter Haftpflicht.

### A. Firma, Sitz und Gegenstand des Unternehmens.

§ 1.

Die Genossenschaft führt die Firma . . . . . . . . . . . eingetragene Genossenschaft mit beschränkter Haftpflicht, und hat ihren Sitz zu . . . .

Gegenstand des Unternehmens ist der gemeinschaftliche Einkauf der zum Betriebe des . . . . . . . gewerbes erforderlichen Rohstoffe, Werkzeuge und der Ablaß an die Mitglieder.

### B. Betriebskapital.

§ 2.

Das Betriebskapital besteht:

1. aus dem Genossenschaftsvermögen, welches gebildet wird durch Eintrittsgelder, Einzahlungen auf die Geschäftsantheile und Zuschreibungen vom Jahresgewinn zu den Geschäftsguthaben und zu dem Reservefonds;
2. aus fremden Geldern, welche nach dem durch den Umfang der Geschäfte gebotenen Bedürfnisse aufgenommen werden.

### C. Ordnung und Leitung der Genossenschaftsangelegenheiten. Organe der Genossenschaft.

§ 3.

Die Genossenschaft ordnet ihre Angelegenheiten unter Theilnahme aller ihrer Mitglieder. Ihre Organe sind:

1. der Vorstand,
2. der Aufsichtsrath,
3. die Generalversammlung.

#### I. Der Vorstand.

a) Zusammensetzung und Wahl.

§ 4.

Der Vorstand besteht aus

1. dem Direktor,
2. dem Kassirer,
3. dem Geschäftsführer,

und wird in der Generalversammlung auf Vorschlag des Aufsichtsraths in getrennten Wahlakten mittelst Stimmzettel gewählt.*)

Die Vorstandsmitglieder werden auf nicht längere Zeit als 3 Jahre gewählt und ist bei Neuwahlen die Wahlperiode der einzelnen Vorstandsmitglieder so zu bestimmen, daß dieselben sich abwechselnd einer Neuwahl zu unterziehen haben und ein gleichzeitiges Ausscheiden mehrerer Mitglieder vermieden wird. Erhält der Vorgeschlagene die Mehrheit nicht, so muß der Aufsichtsrath in derselben oder in einer anderen Versammlung weitere Vorschläge machen. Der Aufsichtsrath kann den von der Generalversammlung abgelehnten Vorschlag wiederholen.

Die Wiederwahl derselben Personen nach Ablauf der Wahlperiode ist zulässig.

Lieferanten, Agenten oder Konkurrenten des Vereins, sowie die Mitglieder des Aufsichtsraths können nicht Mitglieder des Vorstandes sein.

b) Befugnisse und Geschäftsführung des Vorstandes.

§ 5.

Der Vorstand vertritt die Genossenschaft gerichtlich und außergerichtlich nach den ihm in dem Genossenschaftsgesetze ertheilten Befugnissen und zeichnet für dieselbe.

Die Zeichnung geschieht in der Weise, daß die Zeichnenden zu der Firma der Genossenschaft ihre Namensunterschrift hinzufügen. Zwei Vorstandsmitglieder können rechtsverbindlich für die Genossenschaft zeichnen und Erklärungen abgeben.

Der Vorstand führt die Geschäfte der Genossenschaft selbständig, soweit er nicht durch das gegenwärtige Statut oder Generalversammlungsbeschlüsse oder besondere Geschäftsanweisungen darin beschränkt und an die Genehmigung des Aufsichtsraths oder der Generalversammlung gewiesen ist.

Ueber alle in Genossenschaftsangelegenheiten zu treffenden Maßnahmen und über alle abzuschließenden Geschäfte beschließt der Vorstand nach Stimmenmehrheit unter Leitung des Direktors in Sitzungen, die theils regelmäßig stattfinden, theils von letzterem unter Bezeichnung der Gegenstände der Verhandlung berufen werden, so daß mindestens zwei Vorstandsmitglieder über jede Maßregel einig sein müssen, welche in Genossenschaftsangelegenheiten vorgenommen werden soll. Mitglieder des Vorstandes, welche bei einem zu berathenden Gegenstande persönlich betheiligt sind, dürfen während der Berathung und Beschlußfassung über diesen Gegenstand der Sitzung nicht beiwohnen.

Die Beschlüsse sind protokollarisch in ein dazu bestimmtes Buch einzutragen und von den Betheiligten zu unterschreiben.

§ 6.

Die Vorstandsmitglieder müssen auf Erfordern den Sitzungen des Aufsichtsraths beiwohnen und alle Aufschlüsse ertheilen, welche der Aufsichtsrath verlangt. Bei der Beschlußfassung haben die Mitglieder des Vorstandes nicht mitzuwirken. Nur in den nach § 15 dieses Statuts angeordneten gemeinschaftlichen Sitzungen von Vorstand und Aufsichts-

*) Es ist also stets absolute Mehrheit nothwendig.

rath haben die Mitglieder des Vorstandes und die Mitglieder des Aufsichtsraths Stimmrecht.

Der Vorstand hat am Schlusse jeden Monats eine allgemeine Geschäftsübersicht dem Aufsichtsrathe einzureichen, am Jahresschlusse die Jahresrechnung aufzustellen, dem Aufsichtsrathe vorzulegen und der Generalversammlung über die Verwaltung des abgelaufenen Geschäftsjahres Bericht zu erstatten.

§ 7.

Die Mitglieder des Vorstandes haben die Sorgfalt eines ordentlichen Geschäftsmannes anzuwenden. Mitglieder des Vorstandes, welche ihre Obliegenheiten verletzen, haften der Genossenschaft persönlich und solidarisch für den dadurch entstandenen Schaden.

§ 8.

Die Art der Ausführung der Obliegenheiten des Vorstandes wird durch eine vom Vorstand und Aufsichtsrath zu entwerfende und von der Generalversammlung zu genehmigende Geschäftsanweisung geregelt. Die Geschäftsanweisung ist von den Mitgliedern des Vorstandes zu unterzeichnen.

§ 9.

Für den Fall der dauernden Verhinderung, des Ausscheidens oder des Todes eines der Vorstandsmitglieder vor Ablauf der Wahlperiode hat der Aufsichtsrath wegen der nöthigen Stellvertretung sofort Fürsorge zu treffen und in den letzteren beiden Fällen die Nachwahl zu veranlassen.

c) Besoldung und Kaution der Vorstandsmitglieder.

§ 10.

Die Vorstandsmitglieder erhalten eine Besoldung, welche in den Anstellungsverträgen vereinbart wird und der Genehmigung der Generalversammlung unterliegt.

Der Geschäftsführer und der Kassirer haben der Genossenschaft Kaution zu stellen, welche in dem Anstellungsvertrage mit Genehmigung der Generalversammlung festgestellt wird.

## II. Der Aufsichtsrath.

a) Zusammensetzung und Wahl.

§ 11.

Der Aufsichtsrath besteht aus 9 Mitgliedern, welche in der Generalversammlung nach absoluter Stimmenmehrheit der in der Generalversammlung anwesenden Genossen in einem Wahlgange auf drei Jahre gewählt werden.

Wenn hierbei mehr Personen, als zu wählen sind, die absolute Mehrheit erhalten, so sind diejenigen gewählt, welche die meisten Stimmen erhalten haben. Wird dagegen die absolute Mehrheit beim ersten Wahlgange nicht erreicht, so kommt von denen, welche die meisten Stimmen erhalten haben, die doppelte Zahl der noch zu Wählenden auf die engere Wahl und wird mit der engeren Wahl in derselben Art so lange fortgefahren, bis für alle zu Wählenden eine absolute Stimmenmehrheit erzielt ist. Bei Stimmengleichheit entscheidet das Loos.

Von den Mitgliedern des Aufsichtsraths scheidet alljährlich, und zwar zunächst im Jahr ...., ein Drittel aus und wird durch Neuwahl, wobei die Ausscheidenden wieder wählbar sind, in der ordentlichen Generalversammlung ersetzt. In den ersten beiden Jahren entscheidet über die Reihenfolge des Ausscheidens das Loos, später die Zeit des Eintritts der Einzelnen. Die ausscheidenden Aufsichtsrathsmitglieder sind wieder wählbar.

Im Falle des durch Tod oder durch andere Gründe herbeigeführten Ausscheidens eines Aufsichtsrathsmitgliedes vor Ablauf seiner Wahlperiode hat die nächste Generalversammlung eine Neuwahl für den Rest der Wahlperiode vorzunehmen.

### b) Geschäftsführung.

### § 12.

Der Aufsichtsrath überträgt einem seiner Mitglieder den Vorsitz, einem anderen das Schriftführeramt und ernennt zugleich für beide Stellvertreter. Er faßt seine Beschlüsse nach Stimmenmehrheit der in seinen Sitzungen Erschienenen. Bei Stimmengleichheit gilt der Antrag als abgelehnt. Bei Wahlen entscheidet in diesem Falle das Loos. Der Aufsichtsrath ist beschlußfähig, wenn 5 seiner Mitglieder anwesend sind.

Zur Erledigung seiner Geschäfte hält der Aufsichtsrath in der Regel monatlich zu einer bestimmten Zeit im Geschäftslokal der Genossenschaft eine ordentliche Sitzung ab.

Außerordentliche Sitzungen hat der Vorsitzende des Aufsichtsraths zu berufen, wenn er dieses für erforderlich hält, oder wenn der Vorstand oder der dritte Theil der Mitglieder des Aufsichtsraths solches unter schriftlicher Angabe der Berathungsgegenstände verlangen.

Mit der Einladung zu einer außerordentlichen Aufsichtsrathssitzung sind die Gegenstände der Verhandlung den Mitgliedern des Aufsichtsraths bekannt zu machen.

Die Protokolle müssen die gefaßten Beschlüsse enthalten und werden von den anwesenden Mitgliedern des Aufsichtsraths, sowie von den anwesenden Vorstandsmitgliedern unterzeichnet.

Aufsichtsrathsmitglieder, welche bei zu berathenden Gegenständen persönlich betheiligt sind, dürfen den Verhandlungen und der Beschlußfassung über diese Gegenstände nicht beiwohnen.

### c) Obliegenheiten und Befugnisse des Aufsichtsraths.

### § 13.

Der Aufsichtsrath hat die Geschäftsführung in allen Zweigen der Verwaltung nach Maßgabe des Gesetzes zu überwachen und muß sich über den Gang der Verwaltung stets unterrichtet halten.

Der Aufsichtsrath kann zu jeder Zeit von dem Vorstande über alle Angelegenheiten der Genossenschaft Bericht und Aufklärung verlangen, von den Büchern, Schriften und Urkunden Einsicht nehmen und den Bestand der Kasse, sowie die Bestände an Waaren, an Werth= und

Handelspapieren und sonstigen Gegenständen untersuchen. Er kann die Vorstandsmitglieder vorläufig, bis zur Entscheidung der demnächst zu berufenden Generalversammlung, von der Leitung der Geschäfte entfernen, und hat alsdann wegen deren einstweiligen Fortführung durch Ernennung von Stellvertretern, sowie wegen Uebernahme der Kassenbestände, Dokumente, Bücher, Papiere und Waarenvorräthe der Genossenschaft die nöthigen Anordnungen zu treffen.

Der Aufsichtsrath hat die Jahresrechnung, die Bilanz und die Vorschläge zur Vertheilung von Gewinn und Verlust zu prüfen und darüber der Generalversammlung vor Genehmigung der Bilanz Bericht zu erstatten. Der Aufsichtsrath hat bei den Revisionen durch den Verbandsrevisor*) mitzuwirken und in der nächsten Generalversammlung über das Ergebniß der Revision zu berichten.

§ 14.

Das vom Aufsichtsrath bei seiner Geschäftsthätigkeit einzuhaltende Verfahren wird in einer von Vorstand und Aufsichtsrath aufzustellenden, von der Generalversammlung zu genehmigenden Geschäftsanweisung bestimmt. Die Geschäftsanweisung muß von den Mitgliedern des Aufsichtsraths unterschrieben werden.

Die Mitglieder des Aufsichtsraths haben die Sorgfalt eines ordentlichen Geschäftsmannes anzuwenden. Mitglieder, welche ihre Obliegenheiten verletzen, haften der Genossenschaft persönlich und solidarisch für den dadurch entstandenen Schaden.

§ 15.

Ueber folgende Angelegenheiten haben Vorstand und Aufsichtsrath in gemeinsamer Sitzung zu beschließen:

1. über außerordentliche Ausgaben im Betrage von . . . bis . . . Mk.;
2. über Abschlüsse von Miethe- und Pachtverträgen und anderen Verträgen, welche wiederkehrende Verpflichtungen für den Verein begründen;
3. über die Grundsätze bei der Aufnahme von Anleihen innerhalb der durch die Generalversammlung bestimmten Grenze;
4. über die Grundsätze für die Unterbringung zeitweilig müßiger Kassenbestände;
5. über Anlegung des Reservefonds;
6. über die Aufnahme neuer Mitglieder und über die Ausschließung von Genossen;
7. über die Auswahl und den Betrag der für die Genossenschaft einzukaufenden Rohstoffe und Werkzeuge;
8. über die Bestimmung der Verkaufspreise für die auf Lager gekommenen Rohstoffe und Werkzeuge;
9. über Anstellung und Entlassung von Beamten im Dienste der Genossenschaft und die Regelung ihrer Besoldung, sowie über die Verfolgung von Rechtsansprüchen gegen solche Beamte;
10. über die Aufstellung von Geschäftsanweisungen, über die Einrichtung der Buchführung und die Festsetzung der Geschäftsstunden;

*) Oder gerichtlich bestellten Revisor, wenn die Genossenschaft einem Revisionsverbande nicht angehört.

11. über die Feststellung der Kreditfähigkeitsliste, durch welche der Höchstbetrag des einem Mitgliede zu gewährenden Kredits innerhalb der von der Generalversammlung gezogenen Schranken bestimmt wird. Diese Liste muß mindestens halbjährlich revidirt und nach den veränderten Verhältnissen umgestaltet werden;
12. über Anschluß an Genossenschaftsverbände, Austritt aus denselben und über die Beschickung der Allgemeinen Genossenschaftstage und Unterverbandstage, über die Wahl der Abgeordneten zu denselben und die Festsetzung ihrer Reiseentschädigung;
13. über das Ausscheiden eines Mitgliedes nach Maßgabe des § 76 des Genossenschafts-Gesetzes durch Uebertragung des Geschäftsguthabens.

In den gemeinschaftlichen Sitzungen des Vorstandes und des Aufsichtsrathes haben die Mitglieder des Vorstandes und die Mitglieder des Aufsichtsrathes Stimmrecht.

Die gemeinschaftliche Sitzung von Vorstand und Aufsichtsrath ist beschlußfähig, wenn die Mehrheit der Mitglieder des Vorstandes und die Mehrheit der Mitglieder des Aufsichtsrathes anwesend sind.

Die Beschlüsse werden nach Stimmenmehrheit sowohl der anwesenden Mitglieder des Vorstandes wie der anwesenden Mitglieder des Aufsichtsrathes gefaßt.

Den Vorsitz in den gemeinschaftlichen Sitzungen führt stets der Vorsitzende des Aufsichtsrathes oder dessen Stellvertreter.

## III. Die Generalversammlung.

### a) Theilnahmerecht.

### § 16.

Die Rechte, welche den Mitgliedern der Genossenschaft in den Angelegenheiten derselben zustehen, werden von ihnen in der Generalversammlung ausgeübt.

Jedes derselben hat bei den zu fassenden Beschlüssen *eine* Stimme, welche auf keinen Dritten übertragen werden kann.

Nur Korporationen, Handelsgesellschaften und andere Personenvereine, welche Mitglieder sind, und mehrere Erben eines verstorbenen Mitgliedes können sich durch einen mit schriftlicher Vollmacht versehenen Bevollmächtigten vertreten lassen; der Bevollmächtigte kann in diesen Fällen nicht mehr als einen Genossen vertreten.

### b) Berufung und Einladung.

### § 17.

Die Berufung der Generalversammlung geht in der Regel vom Aufsichtsrathe aus; doch kann, wenn der Aufsichtsrath dieselbe verzögert, auch der Vorstand dazu schreiten.

Die Einladung erfolgt durch einmalige Einrückung in dem in § 45 bestimmten Blatte. Dieselbe wird, wenn sie vom Aufsichtsrathe ausgeht, von dessen Vorsitzenden, andernfalls vom Vorstande in gewöhnlicher Art unterzeichnet. Die Einladung muß mindestens 10 Tage vor der Versammlung erfolgen.

Mit der Einladung zur Generalversammlung sollen die Anträge und sonstigen Gegenstände der Tagesordnung kurz bekannt gemacht werden.

Ueber Anträge und Gegenstände, welche nicht mindestens drei Tage vor der Generalversammlung durch das in § 45 bestimmte Blatt angekündigt sind, können Beschlüsse nicht gefaßt werden.

Beschlüsse über die Leitung der Generalversammlung, sowie über Anträge auf Berufung einer außerordentlichen Generalversammlung sind hiervon ausgenommen.

Anträge für die Tagesordnung der Generalversammlung, welche nach der Bekanntmachung der Einladung zur Generalversammlung rechtzeitig und nach der Vorschrift des § 20 dieses Statuts eingebracht werden, sind durch einmalige Einrückung in dem in § 45 bestimmten Blatte bekannt zu machen.

c) Ordentliche Generalversammlungen.

§ 18.

Die Generalversammlungen finden regelmäßig statt:

1. nach dem Schlusse des Geschäftsjahres behufs Mittheilung der Jahresrechnung, Beschlußfassung über die Gewinnvertheilung und die dem Vorstande zu ertheilende Entlastung, sowie Erledigung etwaiger Beanstandungen der Rechnung;
2. mindestens 4 Wochen vor Schluß des Geschäftsjahres zur Vornahme der Wahlen für die ausscheidenden Vorstands- und Aufsichtsrathsmitglieder.

Die Bilanz, sowie eine den Gewinn und Verlust des Jahres zusammenstellende Berechnung (Jahresrechnung) müssen mindestens eine Woche vor der Generalversammlung, welche über die Genehmigung der Bilanz und die Gewinnvertheilung zu beschließen hat, in dem Geschäftslokale der Genossenschaft zur Einsicht der Genossen ausgelegt werden.

Jedem Genossen muß auf sein Verlangen und auf seine Kosten eine Abschrift (Abdruck) der Bilanz, sowie der Jahresrechnung zugestellt werden.

d) Außerordentliche Generalversammlungen.

§ 19.

Außerordentliche Generalversammlungen können jederzeit nach Bedürfniß berufen werden. Der Aufsichtsrath ist dazu verpflichtet, wenn der Vorstand oder wenigstens der zehnte Theil der Genossen in einer von ihnen unterzeichneten Eingabe unter Anführung des Zweckes und der Gründe darauf antragen.

Wird dem Verlangen der Mitglieder weder vom Aufsichtsrath noch vom Vorstand entsprochen, so können sich die Genossen an das Gericht wenden, welches die Genossen zur Berufung der Generalversammlung ermächtigen kann. Die Berufung erfolgt in der in § 17 des Statuts bestimmten Weise, sie wird von den Mitgliedern unterzeichnet; mit der Berufung ist die gerichtliche Ermächtigung bekannt zu machen.

e) Tagesordnung.

§ 20.

Die Tagesordnung wird vom Aufsichtsrath festgesetzt, sofern derselbe die Versammlung beruft, andernfalls vom Vorstande oder den Genossen, welche die Versammlung berufen haben; doch müssen alle Anträge darin aufgenommen werden, welche von einem der beiden Organe oder dem zehnten Theil der Genossen so zeitig gestellt worden sind, daß sie drei Tage vor der Generalversammlung bekannt gemacht werden können.

Wird dem Verlangen der Genossen auf Ankündigung ihrer Anträge nicht stattgegeben, so können sie sich an das Gericht wenden und dieses kann sie zur Ankündigung des Gegenstandes ermächtigen. Die Genossen haben die Anträge in der in § 17 bestimmten Art mindestens drei Tage vor der Generalversammlung anzukündigen und mit der Ankündigung der Anträge die gerichtliche Ermächtigung bekannt zu machen

### f) Leitung.

### § 21.

Die Leitung der Generalversammlung gebührt dem Vorsitzenden des Aufsichtsraths oder einem Mitgliede des Vorstandes, je nachdem die Berufung von dem Vorstande oder von dem Aufsichtsrathe ausgeht. Wird die Generalversammlung von den Mitgliedern berufen, so wählen diese den Vorsitzenden. Durch Beschluß der Generalversammlung kann jedoch die Leitung jederzeit einem anderen Genossen übertragen werden.

Der Vorsitzende ernennt den Schriftführer.

### g) Abstimmung.

### § 22.

Die Abstimmung erfolgt mittelst Aufhebens der Hände. Der Vorsitzende kann, sobald ihm das Resultat zweifelhaft erscheint, die Zählung durch zwei von ihm aus den Genossen ernannte Stimmzähler vornehmen lassen, er ist hierzu verpflichtet, sobald zehn Genossen in der Versammlung darauf antragen. Nur bei Ausschließung eines Genossen und bei Wahlen erfolgt die Abstimmung durch Stimmzettel.

### h) Beschlüsse.

### § 23.

Die von der Mehrheit der in einer Generalversammlung erschienenen Genossen gefaßten Beschlüsse haben für die Genossenschaft bindende Kraft, wenn die Einladung zur Generalversammlung unter Mittheilung der Tagesordnung nach den Bestimmungen dieses Statuts ordnungsmäßig erlassen ist.

Ueber folgende Angelegenheiten:

1. über die Abänderung und Ergänzung des Statuts,
2. über die Abänderung des Gegenstandes des Unternehmens,
3. über die Erhöhung des Geschäftsantheils,
4. über die Erhöhung der Haftsumme,
5. über den Widerruf der Bestellung zum Mitgliede des Aufsichtsrathes,
6. über die Auflösung der Genossenschaft,

kann nur von einer Mehrheit von drei Viertheilen der in der Generalversammlung erschienenen Genossen giltig beschlossen werden.

Zur Giltigkeit der Beschlußfassung:

1. über die Abänderung des Gegenstandes des Unternehmens und
2. über die Auflösung der Genossenschaft

wird weiter erfordert, daß mindestens ein Dritttheil aller Genossen in der Generalversammlung anwesend ist.

Ist das erforderliche Dritttheil der Genossen in der Generalversammlung nicht anwesend, so wird eine zweite Generalversammlung mit einem Zwischenraum von mindestens acht Tagen und höchstens vier Wochen zur Erledigung derselben Tagesordnung anberaumt, welche ohne Rücksicht auf die Zahl der anwesenden Genossen giltig beschließen kann.

Die über die Verhandlungen der Generalversammlung aufgenommenen Protokolle, welche den Vorgang in seinen wesentlichen Punkten, namentlich die gefaßten Beschlüsse und Wahlen, bei letzteren auch die Zahl und das Verhältniß der abgegebenen Stimmen, enthalten sollen, werden unter dem Datum der Generalversammlung in ein besonderes „Protokollbuch" eingetragen, vom Vorsitzenden, den anwesenden Vorstands- und Aufsichtsrathsmitgliedern, dem Schriftführer und von mindestens drei anderen Genossen unterzeichnet und vom Aufsichtsrathe, ebenso wie die in den Belagsexemplaren der öffentlichen Blätter enthaltenen Einladungen, aufbewahrt.

## § 24.

Der Beschlußfassung der Generalversammlung unterliegen, außer den an anderer Stelle ausdrücklich in diesem Statut dahin verwiesenen Gegenständen, folgende Angelegenheiten:

1. die Abänderung und Ergänzung des gegenwärtigen Statuts;
2. die Auflösung der Genossenschaft;
3. die Genehmigung der Bilanz, Ertheilung der Entlastung, die Vertheilung von Gewinn, die Deckung von Verlusten;
4. Erwerb und Veräußerung von Grundeigenthum und dessen Belastung;
5. die Wahl der Mitglieder des Vorstandes und des Aufsichtsrathes;
6. die Genehmigung der Verträge mit den Mitgliedern des Vorstandes über die denselben zu gewährenden Besoldungen und sonstigen Vergütungen, sowie über die von dem Kassirer und dem Geschäftsführer zu leistenden Kautionen und die Bewilligung von Vergütungen an die Mitglieder des Aufsichtsrathes für deren Mühewaltung;
7. die Enthebung der Mitglieder des Vorstandes und des Aufsichtsrathes von ihren Aemtern;
8. die Verfolgung von Rechtsansprüchen gegen Mitglieder des Vorstandes und Aufsichtsrathes, sowie die Wahl der Bevollmächtigten zur Führung von Prozessen gegen die Mitglieder des Aufsichtsrathes;
9. die Einsetzung der nach § 36 vorgesehenen Einschätzungs-Kommission, der nach § 39 vorgesehenen Revisions-Kommission und die Wahl der Mitglieder dieser Kommissionen;
10. die Genehmigung der die Geschäftsführung des Vorstandes und Aufsichtsrathes regelnden Geschäftsanweisungen.
11. die Bestimmung des Höchstbetrages, welchen

a) sämmtliche die Genossenschaft belastenden Anlehen und Spareinlagen zusammen,
b) die bei einem einzelnen Mitgliede gleichzeitig ausstehenden Kredite nicht überschreiten dürfen;

12. die Einführung neuer Geschäftszweige, für welche besondere Herstellungsräume oder neue Verkaufsstellen erforderlich werden und die Bestimmung der Zahl der Verkaufsläden;
13. die Genehmigung zu außerordentlichen Ausgaben, sofern dieselben den Betrag von . . . Mark übersteigen;
14. die Entscheidung auf die Berufung nicht aufgenommener und ausgeschlossener Mitglieder;
15. die oberste Entscheidung über alle gegen die Geschäftsführung und Beschlüsse des Vorstandes und Aufsichtsrathes eingebrachten Beschwerden.

## D. Erlangung und Endigung der Mitgliedschaft.

### § 25.

Aufnahmefähig ist, wer sich durch Verträge verpflichten kann und nicht bereits Mitglied einer anderen Genossenschaft ist, welche ein gleichartiges Geschäft betreibt.

Zum Erwerb der Mitgliedschaft ist erforderlich: Aufnahme durch Vorstand und Aufsichtsrath und Ausstellung einer unbedingten schriftlichen Beitrittserklärung.

Die Mitgliedschaft entsteht durch die Eintragung in die Liste der Genossen.

Dem von dem Vorstand und dem Aufsichtsrath Abgewiesenen steht die Berufung an die Generalversammlung offen.

### § 26.

Jeder Genosse hat das Recht, mittelst Aufkündigung seinen Austritt aus der Genossenschaft zu erklären.

Die Aufkündigung findet zum Schluß eines Geschäftsjahres statt und muß vier Monate vorher schriftlich erfolgen.

Ein Genosse kann ausgeschlossen werden:

1. wenn er die statutenmäßigen Verpflichtungen nicht erfüllt, insbesondere mehr als zwölf Monate mit den laufenden Beiträgen im Rückstande geblieben ist,
2. wenn er die Genossenschaft in Schaden gebracht hat oder sonst gegen deren Interesse handelt,
3. wenn über sein Vermögen der Konkurs eröffnet worden ist,
4. wegen Verlustes der bürgerlichen Ehrenrechte.

Gesellschaften sind auszuschließen, im Falle sie aufgelöst werden und keine Kündigung erfolgt.

Die Ausschließung erfolgt durch Beschluß des Vorstandes und des Aufsichtsrathes.

Dem Ausgeschlossenen steht die Berufung gegen den Ausschließungsbeschluß an die Generalversammlung binnen 4 Wochen frei.

Von der Ausschließung ist der Genosse durch den Vorstand mittelst eingeschriebenen Briefes ohne Verzug zu benachrichtigen.

Von dem Zeitpunkt der Absendung des Briefes ab kann der Genosse nicht mehr an der Generalversammlung theilnehmen und nicht mehr Mitglied des Vorstandes und Aufsichtsraths sein.

Im Falle des Todes eines Genossen gilt dieser mit dem Schlusse des Geschäftsjahres, in welchem der Tod erfolgt ist, als ausgeschieden. Bis zu diesem Zeitpunkte wird die Mitgliedschaft des Verstorbenen durch dessen Erben fortgesetzt.

Für mehrere Erben kann das Stimmrecht in der Generalversammlung durch einen Bevollmächtigten ausgeübt werden.

§ 27.

Die Auseinandersetzung mit den ausgeschiedenen Genossen erfolgt auf Grund der Bilanz. Das Geschäftsguthaben ist an den Ausgeschiedenen oder die Erben eines verstorbenen Mitgliedes binnen sechs Monaten nach dem Ausscheiden auszuzahlen. An den Reservefonds und das sonstige Genossenschaftsvermögen hat der ausgeschiedene Genosse keinen Anspruch.

Reicht das Vermögen einschließlich des Reservefonds und der Geschäftsguthaben zur Deckung der Schulden nicht aus, so hat der Ausgeschiedene von dem Fehlbetrage den ihn treffenden Antheil an die Genossenschaft zu zahlen. Der Antheil wird nach den Haftsummen der Mitglieder berechnet.

Wird die Genossenschaft binnen sechs Monaten nach dem Ausscheiden des Genossen aufgelöst, so gilt dasselbe als nicht erfolgt.

§ 28.

Die Uebertragung des Geschäftsguthabens und das Ausscheiden aus der Genossenschaft nach der Bestimmung in § 76 des Genossenschaftsgesetzes ist mit Genehmigung von Vorstand und Aufsichtsrath gestattet.

## E. Rechte und Pflichten der Genossen.

§ 29.

Die Mitglieder der Genossenschaft sind berechtigt:

1. bei allen Beschlüssen und Wahlen in den Generalversammlungen zu stimmen und Anträge zu stellen;
2. nach der Bestimmung in § 19 des Statuts Generalversammlungen zu berufen;
3. von allen zur Erreichung der Genossenschaftszwecke getroffenen Einrichtungen der Genossenschaft nach Maßgabe der Bestimmungen dieses Statuts und soweit die vorhandenen Mittel dieses gestatten, Gebrauch zu machen;
4. nach Maßgabe der Bestimmungen in § 40 dieses Statuts einen Antheil vom Reingewinn des Geschäfts zu beanspruchen.

Jeder Genosse ist dagegen verpflichtet:

1. zur Erreichung des Geschäftsantheils die in § 30 bestimmten Einzahlungen zu leisten;
2. das in § 34 vorgeschriebene Eintrittsgeld sofort nach Erwerbung der Mitgliedschaft zu entrichten;

3. zur Vermehrung der Betriebsmittel der Genossenschaft ein unkündbares Kapital vorzustrecken und auf dasselbe die in § 32 festgesetzten Einzahlungen zu leisten;
4. diesem Statut, den Beschlüssen und dem Interesse der Genossenschaft nicht entgegen zu handeln;
5. für die Verbindlichkeiten der Genossenschaft dieser, sowie unmittelbar den Gläubigern der Genossenschaft nach Maßgabe der Bestimmungen des Gesetzes für Genossenschaften mit beschränkter Haftpflicht solidarisch bis zu der durch das Statut bestimmten Haftsumme zu haften.

### F. Geschäftsantheil der Mitglieder.

§ 30.

Der Geschäftsantheil jedes Mitgliedes wird auf 300 Mark festgesetzt.

Dieser Geschäftsantheil kann sogleich bei dem Eintritt voll eingezahlt oder nach und nach durch einzelne Einzahlungen ergänzt werden. In dem letzteren Falle müssen die Einzahlungen zum mindesten monatlich 1,50 Mark betragen.

Bis zur Erreichung des Geschäftsantheils wird der dem Genossen zufallende Antheil am Reingewinn zurückbehalten und mit den auf den Geschäftsantheil geleisteten Einzahlungen in einem besonderen Konto dem Genossen gutgeschrieben.

Jeder Genosse kann mit mehreren Geschäftsantheilen sich betheiligen, aber mehr als 3 Geschäftsantheile sind nicht gestattet.

Die Betheiligung auf einen zweiten Geschäftsantheil ist unzulässig, bevor der erste Geschäftsantheil erreicht ist. Das Gleiche gilt von der Zulassung zu jedem weiteren Geschäftsantheil.

Jedes Mitglied erhält ein besonderes Buch, in welchem die von ihm geleisteten Einzahlungen auf seinen Geschäftsantheil, die dem Geschäftsguthaben zugeschriebenen Gewinnantheile und die erfolgten Abschreibungen von dem Vorstande eingetragen werden.

### G. Haftsumme.

§ 31.

Die Haftsumme wird auf 300 Mk. festgesetzt.

Mit dem Erwerbe eines weiteren Geschäftsantheils erhöht sich die Haftung eines Genossen auf das der Zahl der Geschäftsantheile entsprechende Vielfache der Haftsumme.

Zu einer Erhöhung der Haftsumme bedarf es einer Mehrheit von drei Viertheilen der in der Generalversammlung erschienenen Genossen. Eine Herabsetzung der Haftsumme kann nur unter Beobachtung der Bestimmungen erfolgen, welche für die Vertheilung des Genossenschaftsvermögens im Falle der Auflösung maßgebend sind.

### H. Unkündbare Kapitalien der Genossen.

§ 32.

Die unkündbare Kapitaleinlage jedes Genossen wird auf 400 Mk festgesetzt.

Dieser Betrag kann durch einfachen Generalversammlungsbeschluß erhöht werden. Das Kapital kann sogleich bei dem Eintritt voll einbezahlt oder durch einzelne Nachzahlungen ergänzt werden.

Diese Einzahlungen müssen monatlich mindestens 1 Mk. betragen.

Außerdem werden jedem Genossen, dessen Geschäftsantheil erreicht ist, die Dividenden vom Reingewinn zurückbehalten und dem unkündbaren Kapital bis zur Erreichung des Normalbetrages zugeschrieben.

Die unkündbaren Kapitaleinlagen haben den rechtlichen Charakter von der Genossenschaft gewährten Darlehen. Dieselben werden mit 4 Prozent jährlich verzinst; die Zinsen aber werden, so lange der festgesetzte Normalbetrag nicht erreicht ist, nicht ausbezahlt, sondern den Genossen auf das Kapital zugeschrieben.

Die Kapitaleinlagen werden während der Dauer der Mitgliedschaft weder ganz noch theilweise zurückbezahlt, erst 6 Monate nach dem Ausscheiden aus der Genossenschaft kann der Genosse die Rückzahlung der Kapitaleinlagen fordern.

Ebenso ist während der Dauer der Mitgliedschaft jede Cession, Verpfändung oder sonstige Belastung dieser Kapitaleinlagen untersagt und der Genossenschaft gegenüber ungiltig, da diese Kapitaleinlagen zunächst der Genossenschaft wegen aller Verpflichtungen des Inhabers haften.

## J. Reservefonds.

### § 33.

Zur Deckung etwaiger Geschäftsverluste, welche nicht aus dem Geschäftsertrage des Rechnungsjahres gedeckt werden können, dient der Reservefonds.

Derselbe wird durch die nach § 34 des Statuts zu entrichtenden Eintrittsgelder neuer Mitglieder und die nach § 41 demselben zu überweisenden Antheile des Reingewinnes gebildet und soll allmählich bis zur Höhe von wenigstens 15 Prozent des Gesammtbetrages der Geschäftsguthaben angesammelt und nach Abschreibung von Verlusten wieder auf diesen Betrag gebracht werden.

Der Bestand des Reservefonds verbleibt der Genossenschaft bis zu deren Auflösung, und haben früher ausgeschiedene Mitglieder keine Ansprüche an denselben.

### § 34.

Das Eintrittsgeld der Mitglieder wird von Zeit zu Zeit durch Generalversammlungsbeschlüsse festgesetzt und bis auf Weiteres mit 5 Mark erhoben.

Dasselbe ist sofort bei Erlangung der Mitgliedschaft zu zahlen.

Die Wittwe oder ein Erbe eines verstorbenen Mitgliedes sollen von der Zahlung des Eintrittsgeldes befreit sein, wenn sie innerhalb 6 Monaten nach dem Todestage des Mitgliedes bei dem Vorstand den Antrag auf Aufnahme in die Genossenschaft stellen und in die Genossenschaft auf ihren Antrag hin aufgenommen werden.

## K. Innerer Geschäftsverkehr.

§ 35.

Die von der Genossenschaft eingekauften Waaren sind nur zur Befriedigung des Bedürfnisses der Mitglieder bestimmt und dürfen daher von den Mitgliedern an Nichtmitglieder nicht weiter verkauft werden.

Sobald Vorräthe in das Lager eingeliefert sind, werden dieselben durch den Vorstand geprüft und nach Erfordern sortirt. Darauf erfolgt die Festsetzung der Verkaufspreise, welche sofort in das Lagerbuch eingetragen werden.

Vor der Bestimmung der Verkaufspreise dürfen Waaren vom Lager nicht abgegeben werden.

Bei der Preisbestimmung werden die von der Genossenschaft aufgewendeten Kosten einschließlich der Fracht, Portos und Spesen berechnet und darnach der zur Deckung der Kapitalzinsen und Verwaltungskosten, sowie zur Ansammlung eines Reservefonds und zur Erzielung einer Dividende erforderliche Prozentaufschlag auf den ermittelten Kostenpreis gemacht.

§ 36.

Der Verkauf der Waaren erfolgt in der Regel gegen Baarzahlung.

Auf Kredit kann der Vorstand an Mitglieder Waaren abgeben innerhalb der durch die aufgestellte Kreditfähigkeitsliste gezogenen Grenzen. (§ 15 Z. 11 des Statuts).

Dieser Waarenkredit aber darf niemals auf längere Zeit als 12 Monate gewährt werden, und die Schuldner müssen über den Betrag ihrer Schuld einen spätestens nach 3 Monaten zahlbaren Wechsel ausstellen.

Die von den Mitgliedern geschuldeten Beiträge für die von dem Genossenschaftslager entnommene Waaren sind von dem Tage des Empfanges der Waare mit 5 Prozent jährlich zu verzinsen.

An Mitglieder des Vorstandes können Waaren nur gegen Baarzahlung abgegeben werden.

Den Mitgliedern des Aufsichtsraths kann Waarenkredit gewährt werden, aber nur bis zu dem Höchstbetrage, welchen die von der Generalversammlung in jedem Jahre zu wählende Einschätzungs-Kommission festsetzt.

Die Kommission ist zur Abänderung des festgesetzten Höchstbetrages zu jeder Zeit berechtigt.

## L. Rechnungswesen, Vertheilung des Gewinns, Deckung von Verlusten.

§ 37.

Das erste Geschäftsjahr beginnt am . . . . . . . . . . und endigt am 31. Dezember . . . ., nach Ablauf desselben fällt das Geschäftsjahr mit dem Kalenderjahr zusammen. Sofort bei dessen Beendigung muß

1. der Bestand der vorhandenen Kassenvorräthe, Schulddokumente, Werthpapiere und Waarenvorräthe durch den Aufsichtsrath revidirt und festgestellt, sowie
2. mit dem Abschluß der Bücher vom Vorstand begonnen werden.

§ 38.

Die vollständige Jahresrechnung hat der Vorstand längstens bis Mitte Februar des folgenden Jahres dem Aufsichtsrathe vorzulegen, widrigenfalls dieser berechtigt ist, dieselbe unter seiner Aufsicht durch andere Personen auf Kosten des Vorstandes anfertigen zu lassen.

Die Rechnung muß enthalten:

1. eine Uebersicht sämmtlicher Einnahmen und Ausgaben innerhalb des Jahres nach den bei der Buchführung und Kontirung eingeführten Hauptrubriken;
2. eine besondere Gewinn- und Verlustberechnung;
3. die Bilanz über den Stand des Genossenschaftsvermögens (der Aktiva und Passiva) am Jahresschluß.

Bei der Bilanz sind außer den Schulden der Reservefonds und die Geschäftsguthaben der Mitglieder unter den Passiven, der Werth der Immobilien und Mobilien nach Abzug der gewöhnlichen Abnutzungsprozente oder der darauf vorgenommenen größeren Abschreibungen, der Werth der bei der Inventur vorgefundenen Waarenvorräthe, der Kassenbestand, die Werthpapiere höchstens zum Tageskurs, sowie die ausstehenden Forderungen unter den Aktiven anzusetzen, dabei jedoch etwaige unsichere Forderungen nur nach ihrem wahrscheinlichen Werthe aufzuführen, uneinziehbare aber ganz auszuscheiden und zurückzustellen.

Der nach diesen Grundsätzen berechnete Ueberschuß der Aktiven bildet den Reingewinn.

§ 39.

Die Prüfung der Jahresrechnung erfolgt durch den Aufsichtsrath, der sich die nöthigen Unterlagen dabei durch Einsicht der Bücher, Beläge, wie durch die nach § 37 von ihm vorzunehmende Inventur zu verschaffen hat.

Der Aufsichtsrath kann sich bei der Prüfung der Jahresrechnung der Beihilfe Sachverständiger bedienen, welche dafür eine von ihm festzusetzende Vergütung aus der Genossenschaftskasse erhalten.

Der Bericht des Aufsichtsraths über die Rechnungsprüfung ist der nächsten ordentlichen Generalversammlung zu erstatten, welche hierauf über die Entlastung des Vorstandes beschließt.

Erheben sich hierbei Bedenken gegen die Richtigkeit der Rechnung und die Prüfung des Aufsichtsraths, so kann die Generalversammlung, ohne daß der Antrag vorher auf die Tagesordnung gebracht war, eine besondere Kommission von drei Mitgliedern erwählen und diese mit der nochmaligen Prüfung der Rechnung beauftragen.

Dieser Kommission hat der Vorstand die Einsicht der Bücher und Schriften der Genossenschaft und die Untersuchung des Bestandes der Kasse, sowie der Bestände an Werth- und Handelspapieren und Waaren zu gestatten, er hat derselben jede verlangte Auskunft über die Angelegenheiten der Genossenschaft zu ertheilen.

§ 40.

Die Verwendung des Reingewinnes unterliegt der Beschlußfassung der Generalversammlung nach den folgenden Bestimmungen: Vom Reingewinn erhalten zunächst die Mitglieder eine Kapitaldividende von höchstens 4 Prozent auf ihr Geschäftsguthaben, sodann werden die durch Verträge oder Beschlüsse der Generalversammlung zugesicherten Tantièmen vom Reingewinn berichtigt und der hiernach verbleibende Ueberschuß wird, soweit er nicht dem Reservefonds zugewiesen oder nach den Beschlüssen der Generalversammlung zu Abschreibungen und sonstigen Zwecken verwendet wird, an die Mitglieder nach Verhältniß der von denselben in dem betreffenden Geschäftsjahr bezogenen Waaren als Einkaufs-Dividende gewährt.

Die den Mitgliedern hiernach zukommenden Dividenden werden dem Geschäftsguthaben und Kapitaleinlagen-Konto zugeschrieben, bis der Geschäftsantheil und der Normalbetrag der Kapitaleinlage erreicht ist, oder bis zur Wiederergänzung eines durch Verlust verminderten Geschäftsguthabens einbehalten.

Bei der Berechnung der Dividende wird das Geschäftsguthaben jedes Genossen nur insoweit berücksichtigt, als es volle Mark beträgt und nicht erst während des Rechnungsjahres, um dessen Gewinnüberschüsse es sich handelt, eingezahlt ist, so daß nur die bis zum Schlusse des vorhergegangenen Geschäftsjahres ermittelten Geschäftsguthaben in Betracht kommen.

Wenn der Erbe eines verstorbenen Genossen Mitglied wird und das auf jenen entfallende Geschäftsguthaben der Genossenschaft beläßt, nimmt diese Einzahlung bei der Berechnung des Gewinnantheils an der Dividende des betreffenden Jahres Theil.

§ 41.

So lange der Reservefonds noch nicht auf den im § 33 festgesetzten Betrage angelangt ist, werden von dem Reingewinn vor dessen Vertheilung an die Mitglieder mindestens 10 Prozent abgezogen und dem genannten Fonds zugeschlagen, was ebenfalls geschehen muß, wenn derselbe durch Deckung von Geschäftsverlusten unter jenen Normalbetrag herabgesunken ist.

§ 42.

Die Deckung von Verlusten unterliegt der Beschlußfassung der Generalversammlung.

## M. Auflösung der Genossenschaft und Haftung der Mitglieder.

§ 43.

Die Auflösung der Genossenschaft erfolgt:

1. durch Beschluß der Generalversammlung;
2. durch Eröffnung des Konkurses über das Genossenschaftsvermögen;
3. durch Beschluß des Gerichts, wenn die Zahl der Genossen weniger als 7 beträgt;
4. durch Beschluß der in § 81 des Genossenschaftsgesetzes bestimmten Behörde und nach den daselbst gegebenen Vorschriften.

Die Liquidation erfolgt nach Maßgabe des Gesetzes.

Die Vertheilung des Vermögens erfolgt nach Maßgabe des Gesetzes mit der Abweichung, daß Ueberschüsse, welche sich über den Gesammtbetrag der Geschäftsguthaben ergeben, nach Verhältniß der Haftsummen unter die Mitglieder vertheilt werden.

§ 44.

Im Falle des Konkursverfahrens sind die von den Genossen zu leistenden Nachschüsse nach Verhältniß der Haftsummen festzusetzen.

### N. Die Bekanntmachungen der Genossenschaft und die dazu bestimmten Blätter.

§ 45.

Alle Bekanntmachungen und Erlasse in Angelegenheiten der Genossenschaft, sowie die dieselbe verpflichtenden Schriftstücke ergehen unter deren Firma und werden von mindestens zwei Vorstandsmitgliedern unterzeichnet.

Die Einladungen zu den Generalversammlungen, insofern sie vom Aufsichtsrath ausgehen, erläßt der Vorsitzende des Aufsichtsrathes mit der Zeichnung:

Der Aufsichtsrath der . . . . (Firma der Genossenschaft).

N . . ., Vorsitzender.

Zur Veröffentlichung ihrer Bekanntmachungen bedient sich die Genossenschaft des . . . . . Blattes.

Für den Fall, daß dieses Blatt eingehen, oder aus anderen Gründen die Veröffentlichung in diesem Blatte unmöglich werden sollte, tritt der „Deutsche Reichsanzeiger“ so lange an die Stelle dieses Blattes, bis für die Veröffentlichung der Bekanntmachungen der Genossenschaft durch Beschluß der Generalversammlung ein anderes Blatt bestimmt ist.

---

## 2. Muster-Geschäftsanweisung für den Vorstand einer Rohstoffgenossenschaft.

§ 1.

Die Mitglieder des Vorstandes sind dem Verein für die Erfüllung der in Nachstehendem ihnen auferlegten Verpflichtungen verantwortlich.

§ 2.

Dieselben haben sich nach Bedürfniß gegenseitig zu unterstützen und in Behinderungsfällen nach Vorschrift des § 34 dieser Geschäftsanweisung zu vertreten.

§ 3.

Die Sitzungen des Vorstandes finden wöchentlich . . . . . . . . . . im . . . . . . . . . Lokale statt, und darf kein Mitglied ohne dringende Veranlassung fehlen.

§ 4.

Außerordentliche Vorstandssitzungen kann der Vorsitzende berufen, sobald er es für nöthig hält, er ist hierzu verpflichtet, sobald ein Vorstandsmitglied unter Angabe der Gründe hierauf anträgt.

§ 5.

In den Vorstandssitzungen führt der Direktor den Vorsitz, bei dessen Behinderung der Kassirer.

§ 6.

In den Vorstandssitzungen ist von einem der Vorstandsmitglieder ein Protokoll zu führen, in das alle gefaßten Beschlüsse einzutragen sind. Die anwesenden Vorstandsmitglieder haben dasselbe zu unterzeichnen. Stimmt ein Vorstandsmitglied einem gefaßten Beschlusse nicht zu, so kann es verlangen, daß seine entgegenstehende Ansicht im Protokoll vermerkt wird.

§ 7.

Der Vorstand hat in seinen Sitzungen u. A. folgende Angelegenheiten zu erledigen:

1. die Zutheilung der Arbeiten an die einzelnen Vorstandsmitglieder;
2. den Einkauf von Waaren gemäß den besonderen Bestimmungen in § 11 ff. dieser Geschäftsanweisung;
3. die Neubeschaffung und Reparatur von Inventarien-Stücken bis zum Werthe von . . . Mark für jeden einzelnen Gegenstand;
4. die Anstellung von niederen Bediensteten und Arbeitern, mit denen kein schriftlicher Vertrag geschlossen wird, sowie die Anstellung der übrigen Vereinsbeamten, welche letztere jedoch der Beschlußfassung in gemeinschaftlicher Sitzung von Vorstand und Aufsichtsrath unterliegt;
5. die Entlassung der niederen Bediensteten, Gehilfen, Arbeiter und der übrigen Vereinsbeamten;
6. die Bestimmung der Tage und Geschäftsstunden, während welcher die Verkaufsstelle geöffnet sein soll;
7. die Feuerversicherung der vorhandenen Waaren, des Inventars und der Gebäude;
8. die Versicherung alters-, unfall- und krankenversicherungspflichtiger Beamten und Arbeiter des Vereins;
9. die eingegangenen Beschwerden der Mitglieder. Den Beschwerdeführern ist schriftlich oder mündlich Bescheid zu erstatten; dem Aufsichtsrath ist nöthigenfalls von der Beschwerde und dem Bescheide Kenntniß zu geben.

§ 8.

Die in § 15 und § 24 des Statuts aufgeführten Angelegenheiten hat der Vorstand zur Beschlußfassung und Entscheidung in den gemeinschaftlichen Sitzungen des Vorstandes und Aufsichtsrathes bezw. in der Generalversammlung vorzubereiten.

§ 9.

In jeder am Anfang des Monats stattfindenden Aufsichtsrathssitzung hat der Vorstand eine allgemeine Geschäftsübersicht vorzulegen und über Waaren-Einkauf und -Verkauf zu berichten.

§ 10.

Zur Giltigkeit der Beschlüsse müssen mindestens zwei Vorstandsmitglieder übereinstimmen.

Alle vom Verein ausgegebenen Schriftstücke sind von zwei Vorstandsmitgliedern zu unterschreiben.

### Waaren-Einkauf.

§ 11.

Die Ausführung der statutenmäßig beschlossenen Waareneinkäufe liegt dem Geschäftsführer ob.

§ 12.

Die eingekauften Waaren sind sofort nach ihrer Lieferung von dem Geschäftsführer einer genauen Prüfung zu unterziehen in Bezug auf ihre Beschaffenheit, ihr Gewicht oder Gemäß. Fallen dieselben nicht der Probe oder den Verkaufs-Bedingungen gemäß aus, so sind sie zurückzuweisen und ist dem Lieferanten ungesäumt davon Anzeige zu machen.

§ 13.

Jede Spekulation bei den Waaren-Einkäufen ist verboten; der Vorstand, insbesondere der Geschäftsführer aber hat dafür Sorge zu tragen, daß jederzeit ein genügender, jeden Nothkauf ausschließender Vorrath an allen Waarengattungen vorhanden ist, dagegen Waarenbestände, welche keinen Absatz finden, nicht ungebührlich lange auf Lager gehalten werden.

### Waaren-Verkauf.

§ 14.

Der Waaren-Verkauf liegt dem Geschäftsführer zu den von Vorstand und Aufsichtsrathe festgesetzten Preisen in den festgesetzten Geschäftsstunden ob. (§ 7,*.)

### Beaufsichtigung der Verkaufsstelle.

§ 15.

Die Vorstandsmitglieder, sowie eine vom Aufsichtsrathe eingesetzte Kommission haben das Vereinslager recht häufig zu besuchen und darauf zu achten, daß überall Reinlichkeit und Ordnung herrscht, die Waaren zweckmäßig aufbewahrt und die Gewichte und Maße den gesetzlichen Anforderungen entsprechend gehalten werden. Etwaige Mißstände sind sofort abzustellen.

### Kontrole des Geschäftsführers als Verkäufer.*)

§ 16.

Zur Kontrole des Geschäftsführers als Verkäufer hat der Kassirer das Lagerbuch zu führen, er hat für ordnungsmäßige Abrechnung mit dem Geschäftsführer zu sorgen. (§ 33.)

Der Geschäftsführer hat die erhaltenen Waarenbestände nach Gewicht bezw. Maß, Einkaufspreisen und Verkaufspreisen in das Lagerbuch einzutragen. Der Kassirer führt ein gleiches Buch auf Grund der ihm

---

*) In der Geschäftsanweisung ist vorausgesetzt, daß der Geschäftsführer gleichzeitig Verkäufer ist. Bei entwickelteren Betrieben wird man für den Verkauf einen besonderen Lagerhalter anstellen (vgl. oben S. 8).

sofort nach Eingang der Waaren vom Geschäftsführer zu übergebenden Fakturen, und müssen die beiden Bücher übereinstimmen.

Jede Eintragung in diesen Büchern ist vom Kassirer und vom Geschäftsführer zu unterschreiben.

Die Gegenmarken sind von dem Kassirer dem Geschäftsführer auszuliefern und in einem besonderen Buche, in welchem der Geschäftsführer über die Aushändigung Quittung zu leisten hat, dem Letzteren zu belasten; in Berücksichtigung des Verkaufserlöses ist vierteljährlich zu prüfen, ob keine Mehrausgabe von Gegenmarken stattgefunden hat.*)

## Buchführung.

### § 17.

Die Vorstandsmitglieder sind verpflichtet, folgende mit Seitenzahlen versehene Bücher zu führen oder durch Angestellte führen zu lassen und im letzteren Falle sich Ueberzeugung zu verschaffen, ob es ordnungsmäßig geschehen:

a) das Kassenbuch,
b) das Einkaufsbuch (Fakturenbuch),
c) das Mitglieder-Geschäftsantheil-Kontobuch,
d) das Memorial,
e) das Hauptbuch,
f) die Kontrole des Waaren-Ein- und Ausgangs (wo solches nöthig),
g) das Lagerbuch,
h) das Inventurbuch,
i) das Bilanzbuch,
k) das Kopirbuch,
l) das Utensilienbuch

und sonstige nach Ansicht des Vorstandes nöthige Nebenbücher.

### § 18.

Alle Bücher und Schriftstücke sind auf die Dauer von 10 Jahren wohlgeordnet aufzubewahren. Die Hauptbücher, Bilanzbücher, gedruckte oder geschriebene Jahresberichte, welche über die Lage und Entwickelung des Vereins Auskunft zu geben vermögen, sollen niemals vernichtet werden. Die Statuten und Nachträge, Geschäftsanweisungen, Kontraktsformulare und sonstige von dem Vereine ausgehende Drucksachen sind des leichten Nachschlagens wegen zu einem Aktenhefte zu vereinigen.

### § 19.

Genossenschaftliche Werke sind eingebunden so aufzubewahren, daß sie jederzeit zur Benutzung bereit sind.

*) Hier ist vorausgesetzt, daß die Mitglieder bei dem Waaren-Einkauf Gegenmarken, sogenannte Dividendenmarken erhalten, die als Legitimation für den Empfang der auf den Einkauf entfallenden Dividende dienen (§ 40 des Statuts). Statt dieser Marken kann man auch Waaren-Bezugsbücher benutzen, in denen jeder Waarenbezug von dem Verkäufer eingetragen wird.

## Inventuraufnahme und Rechnungs-Abschlüsse.

§ 20.

Dem Vorstand liegen die ordentlichen und außerordentlichen Inventuraufnahmen und die Fertigstellung der Rechnungsabschlüsse ob, er hat den Aufsichtsrath von der aufzunehmenden Inventur in Kenntniß zu setzen, damit dieser bei der Inventur mitwirken kann.

§ 21.

Ueber die Inventuraufnahme ist ein Protokoll aufzunehmen und von den Vorstandsmitgliedern, sowie den anwesenden Aufsichtsrathsmitgliedern zu unterschreiben.

§ 22.

Der Rechnungsabschluß ist vom Vorstand mit thunlichster Beschleunigung längstens in 6 Wochen nach aufgenommener Inventur fertig zu stellen. Die Waaren sind höchstens zum Einkaufspreise, bei rückgängiger Konjunktur zum Tagespreise, Werthpapiere zum Tageskurse, ausstehende Forderungen zu ihrem wahrscheinlichen Werthe zu berechnen. Es ist sorgfältig darauf zu achten, daß alle Waaren- und sonstigen Schulden, besonders noch zu zahlende Geschäftsunkosten in die Inventur aufgenommen werden.

§ 23.

Nach Fertigstellung des Rechnungsabschlusses und Prüfung desselben durch alle drei Vorstandsmitglieder haben dieselben mit der Firma des Vereins ihre Unterschriften hinzuzufügen und den Rechnungsabschluß dem Aufsichtsrathe zur weiteren Veranlassung zu überreichen.

§ 24.

Am Schlusse der Geschäftsperiode hat der Direktor einen möglichst eingehenden Bericht auszuarbeiten und drucken zu lassen, welcher mindestens 8 Tage vor der Generalversammlung den Mitgliedern zur Verfügung zu stellen ist. Derselbe muß enthalten:

a) Bericht über die Thätigkeit der Verwaltungsorgane;
b) Mittheilungen über alle wichtigen Vereinsvorkommnisse der vergangenen Geschäftsperiode, z. B. wichtige Vereinsbeschlüsse;
c) Mittheilungen genossenschaftlicher Art, z. B. über den Verbandstag und den Allgemeinen Genossenschaftstag;
d) den Ein- und Austritt, Bestand und Klassifikation der Mitglieder;
e) den Waarenumsatz;
f) Unkosten-Konto, und zwar persönliche und sachliche Unkosten getrennt;
g) den Vermögensbestand mit Angabe der Aktiva und Passiva;
h) das Gewinn- und Verlust-Konto.

Dieser Bericht ist mit den nöthigen Erläuterungen in gemeinverständlicher Form zu versehen und soll möglichst unter den Handwerkern verbreitet werden.

## Besondere Bestimmungen.

### I. Für den Direktor.

§ 25.

Der Direktor hat die gesammte Geschäftsführung des Vereins zu leiten und zu überwachen.

Derselbe hat die Verpflichtung, sich von allen die Vereinsgeschäfte betreffenden Angelegenheiten laufend unterrichtet zu halten, und ist zu dem Ende jederzeit berechtigt, von sämmtlichen in den Händen der anderen Vorstandsmitglieder befindlichen Listen, Büchern, Dokumenten und Akten des Vereins Einsicht zu nehmen und die Bestände der Kasse einer Revision zu unterziehen.

Der Direktor hat sich nach Maßnahme des § 29 von der Richtigkeit der Kasse zu überzeugen und nach Maaßgabe des § 30 über Einnahmen zu quittiren und Ausgaben anzuweisen.

Der Direktor ist ferner verpflichtet, monatlich mindestens eine Revision der Kasse und der Geschäftsbücher vorzunehmen.

Diese Revision muß unvermuthet stattfinden und ist das Ergebniß in der nächsten gemeinschaftlichen Sitzung zu Protokoll zu geben.

§ 26

Der Direktor hat für die Instandhaltung des Lagers zu sorgen und muß nach Möglichkeit suchen, einer Ueberhäufung desselben vorzubeugen.

§ 27.

Der Direktor hat die Korrespondenz des Vereins zu führen und die in Angelegenheiten desselben abzusendenden Briefe abzufassen. Dieselben sind von ihm und einem zweiten Vorstandsmitgliede zu unterschreiben und im Kopirbuche des Vereins zu kopiren.

§ 28.

Der Direktor hat ferner für alle diejenigen Angelegenheiten zu sorgen, welche nicht ausdrücklich dem Kassirer und dem Geschäftsführer übertragen sind, er hat insbesondere:

a) folgende Bücher zu führen:

. . . . . . . . . . .

. . . . . . . . . . .

. . . . . . . . . . .

b) die Versicherung der Waaren, des Inventars und der Gebäude gegen Feuer, und für die Instandhaltung des Inventars zu veranlassen, vierteljährlich die Prüfung des vorhandenen Inventars nach den Lagerlisten vorzunehmen;
c) die eingehenden Briefe aufzubewahren und zu ordnen, nachdem sie in der Vorstandssitzung zur Vorlage gelangt sind;
d) die nothwendigen Anzeigen bei dem Gericht zu erstatten und die Mitgliederlisten zu führen;
e) in den Generalversammlungen den Geschäftsbericht zu erstatten;
f) die Zahlungsanweisungen für die Kasse auszustellen;

g) dem Aufsichtsrath die Beschlüsse des Vorstandes vorzulegen und ihn überhaupt von allen wichtigen geschäftlichen Ereignissen in Kenntniß zu setzen;
h) die in den Vorstandssitzungen zu fassenden Beschlüsse vorzubereiten.

## II. Für den Kassirer.

### § 29.

Der Kassirer hat die Kasseneingänge in Empfang zu nehmen, insbesondere die Ladenkasse zweimal wöchentlich abzunehmen und die Ausgaben zu leisten.

Sämmtliche Einnahmen und Ausgaben sind sofort in das Kassenbuch einzutragen. Von denselben ist der Direktor durch Vorlegung der zu ertheilenden Quittungen und Vermerke, sowie der Quittungen der Empfänger behufs Erlangung der Ueberzeugung der Uebereinstimmung der Bücher mit den Belägen in Kenntniß zu setzen.

### § 30.

Ueber die Einnahmen hat der Kassirer in Gemeinschaft mit dem Direktor zu quittiren. Nur über die Ladenkasse ist er allein zur Quittungsleistung berechtigt. Ausgaben dürfen nur gegen Anweisung des Direktors gemacht werden.

### § 31.

Der Kassirer ist ferner verpflichtet:

a) folgende Bücher zu führen:

. . . . .

. . . . . .

. . . . . . . . . . . .

b) in Gemeinschaft mit dem Direktor für die Aufbewahrung de Bücher, Werthpapiere u. s. w. zu sorgen;
c) die Seiten des Kassenbuches täglich aufzurechnen und nach Abzug der Ausgaben von den Einnahmen den buchmäßigen Bestand auf Uebereinstimmung mit dem baaren Gelde mindestens wöchentlich einmal zu prüfen, allmonatlich das Kassenbuch abzuschließen und den Bestand vorzutragen.

   Von der Richtigkeit des Kassenabschlusses muß sich der Direktor überzeugen.

   Ergeben sich bei dem Kassenabschlusse Differenzen zwischen dem „Soll" und „Ist", so sind dieselben von dem Kassirer sofort zu rsetzen. Ueber die Verwendung etwaiger Ueberschüsse beschließt der Aufsichtsrath;
d) die Guthaben-Quittungsbücher der Vereinsmitglieder nach Genehmigung des Rechnungsabschlusses durch die Generalversammlung zu reguliren, die eingehenden Monatsbeiträge zusammenzurechnen, die Summe derselben vorzutragen und nebst der Dividende dem betreffenden Guthaben zuzuschreiben.

§ 32.

Der Kassirer hat die Monatsabschlüsse und den Jahresabschluß fertigzustellen.

III. Für den Geschäftsführer.

§ 33.

Der Geschäftsführer hat nach Maßnahme der §§ 11, 12 und 13 den Waaren-Einkauf zu besorgen und die Waaren-Eingänge zu prüfen — ihm liegt nach Maßgabe des § 14 der Waarenverkauf ob.

Zweimal wöchentlich am . . . . . . und . . . . . . hat der Geschäftsführer dem Kassirer die Ladenkasse abzugeben, worüber der Kassirer in einem besonderen Buche Quittung zu leisten hat.

Bei der ordentlichen und außerordentlichen Inventur muß der Geschäftsführer zugegen, er und muß die Vornahme solcher zu jeder Zeit gestatten. Er hat bei der Inventur mitzuwirken und das über den Befund aufgenommene Protokoll zu unterschreiben, anderenfalls die Gründe zu Protokoll zu geben, aus denen er die Unterschrift verweigert.

Der Geschäftsführer hat über den Verkauf, sowie die eingegangenen Gelder Buch zu führen.

Stellvertretung.

§ 34.

Bei kurz vorübergehenden Behinderungen eines der Vorstandsmitglieder wird der Geschäftsführer durch den Kassirer, der Kassirer durch den Geschäftsführer, der Direktor gleichfalls durch den Geschäftsführer vertreten, und übernimmt der jedesmalige Stellvertreter die Funktionen des von ihm Vertretenen für die Dauer von dessen Behinderung.

Allgemeine Bestimmungen.

§ 35.

Diese Geschäftsanweisung hat die Generalversammlung am . . . genehmigt, sie ist von den Vorstandsmitgliedern durch Unterschrift anzuerkennen.

Dieselbe ist jedem Vorstandsmitgliede in einem Exemplar auszufertigen.

---

## 3. Muster-Geschäftsanweisung für den Aufsichtsrath einer Rohstoffgenossenschaft.

§ 1.

Nach den Bestimmungen des Gesetzes und den Vorschriften des Statuts ist die Ueberwachung der Geschäftsführung der Genossenschaft in allen Theilen der Verwaltung das Recht und die Pflicht des Aufsichtsraths.

Um dieser Pflicht zu genügen, muß der Aufsichtsrath sich fortwährend über die Verwaltung der Angelegenheiten der Genossenschaft unterrichten;

zu diesem Zwecke hat derselbe Berichte von dem Vorstande zu fordern, von den Büchern und Schriften der Genossenschaft Einsicht zu nehmen, den Bestand der Kasse und die Bestände an Waaren, Werthpapieren und sonstigen Gegenständen zu untersuchen, die von dem Vorstande erstatteten Berichte, Geschäftsabschlüsse und insbesondere die Jahresrechnung nebst Bilanz und Gewinnberechnung sorgsam zu prüfen und darüber der Generalversammlung Bericht zu erstatten.

Der Aufsichtsrath hat eine Generalversammlung zu berufen, wenn dieses das Interesse der Genossenschaft fordert.

§ 2.

Der Aufsichtsrath überträgt in jedem Jahre nach erfolgter Neuwahl einem seiner Mitglieder den Vorsitz, einem Anderen das Schriftführeramt, und ernennt für Beide Stellvertreter.

Die Beschlüsse des Aufsichtsraths werden durch einfache Stimmenmehrheit der in der Sitzung anwesenden Mitglieder gefaßt.

Bei Stimmengleichheit gilt der Antrag als abgelehnt, nur bei Wahlen entscheidet in diesem Falle das Loos.

Der Aufsichtsrath ist beschlußfähig, wenn die Mehrheit der Mitglieder anwesend ist.

§ 3.

Der Aufsichtsrath hält zur Erledigung der ihm obliegenden Geschäfte allmonatlich zu einer ein- für allemal bestimmten Zeit in dem Geschäftslokal der Genossenschaft eine Sitzung ab.

§ 4.

Zu außerordentlicher Sitzung hat der Vorsitzende des Aufsichtsraths einzuladen, so oft er dieses für erforderlich hält, oder wenn der Vorstand oder der dritte Theil der Aufsichtsrathsmitglieder unter schriftlicher Angabe der Berathungsgegenstände die Berufung einer außerordentlichen Sitzung verlangen.

Mit der Einladung zu einer außerordentlichen Sitzung sind die Gegenstände der Verhandlung mitzutheilen.

§ 5.

Den Sitzungen des Aufsichtsraths haben die Vorstandsmitglieder auf Erfordern beizuwohnen und alle Aufschlüsse zu ertheilen und die Einsicht aller Bücher, Korrespondenzen und sonstigen Schriftstücke des Vereins, welche verlangt wird, zu gewähren.

Die Vorstandsmitglieder können an den Verhandlungen sich betheiligen, dieselben haben aber kein Stimmrecht.

§ 6.

In die Protokolle sind die gefaßten Beschlüsse aufzunehmen.

Die Protokolle sind von den anwesenden Mitgliedern des Aufsichtsraths und des Vorstandes zu unterzeichnen.

§ 7.

Mitglieder des Aufsichtsraths, welche bei Gegenständen der Tagesordnung betheiligt sind, müssen während der Verhandlung und Abstimmung über diese Gegenstände das Sitzungslokal verlassen.

§ 8.

In jeder ordentlichen Aufsichtsrathssitzung hat der Vorstand einen die Einnahmen und Ausgaben des ganzen Monats umfassenden Rechnungsauszug nebst Geschäftsbilanz vorzulegen und über den Waaren-Einkauf und -Verkauf zu berichten.

§ 9.

Die Monatsabschlüsse, sowie die Jahresrechnung und Bilanz sind von dem Aufsichtsrath sorgfältig zu prüfen.

Der Aufsichtsrath hat zu diesem Zwecke regelmäßig am Schlusse jeden Monats eine Revision der Kasse und eine umfassende Revision des Geschäfts vorzunehmen und außerdem nach Bedürfniß außerordentliche und unvermuthete Revisionen eintreten zu lassen.

§ 10.

Der Aufsichtsrath hat ferner das Magazin zu beaufsichtigen und hierbei hauptsächlich zu achten auf

1. die zweckmäßige Aufbewahrung der Waaren, sowie auf die Reinlichkeit des Lokals;
2. die Instandhaltung der Gewichte und Maße;
3. das Vorhandensein und den guten Zustand der im Lokale befindlichen, in einem dem Geschäftsführer übergebenen Inventarbuch verzeichneten Inventargegenstände.

Ueber die Ausübung dieser Obliegenheiten ist in jeder ordentlichen Aufsichtsrathssitzung kurzer Bericht zu erstatten.

Zum Zwecke der Beaufsichtigung des Verkaufslokals wählt der Aufsichtsrath aus seiner Mitte Kommissionen und zwar in der Art, daß nach und nach alle Mitglieder zur Beaufsichtigung herangezogen werden.

§ 11.

Bei jeder vorzunehmenden Revision hat der Aufsichtsrath zu untersuchen, daß die Mitglieder des Vorstandes die ihnen durch Statut und Geschäftsanweisung besonders zugewiesenen Obliegenheiten gewissenhaft erfüllen, und daß die Vorschriften des Genossenschaftsgesetzes und die Bestimmungen des Statuts überall befolgt werden; es ist insbesondere darüber zu wachen, daß das Verzeichniß der Genossen ordnungsmäßig geführt und mit der Liste der Genossen in Uebereinstimmung gehalten wird, daß über den Ein- und Austritt von Mitgliedern die vorgeschriebenen Anzeigen, sowie alle sonstigen durch das Genossenschaftsgesetz erforderten Anmeldungen, Anzeigen und Erklärungen zum Genossenschaftsregister rechtzeitig und ordnungsmäßig gemacht, und daß die durch Statut und Geschäftsanweisung gegebenen Vorschriften über die Aufbewahrung und den Verschluß der Werthbestände eingehalten werden.

§ 12.

Bei jeder Kassen-Revision hat der Aufsichtsrath die Kasse zu stürzen und festzustellen, ob der Kassenbestand mit dem Abschlusse des Kassenbuches übereinstimmt.

Die Kassenbeläge müssen in Bezug auf ordnungsmäßige Anweisung und Quittung geprüft werden, sowie darauf, ob sich die Ausgaben innerhalb der dem Vorstande durch die Statuten, durch Geschäftsanweisung, durch Beschlüsse der Generalversammlung oder des Aufsichtsraths gezogenen Grenzen halten.

Für die Revision der Einnahmeposten aus dem eigenen Geschäfte dienen zur Vergleichung die vom Kassirer dem Geschäftsführer ausgestellten Quittungen.

§ 13.

Bei dem Geschäftsantheil-Konto der Mitglieder ist zu untersuchen,

ob die von den Mitgliedern gemachten Einzahlungen richtig übertragen sind,

ob die Gesammtsumme aller einzelnen Mitgliederguthaben mit dem Saldo des Geschäftsantheil-Kontos im Hauptbuche übereinstimmt,

ob die Einzahlungen regelmäßig erfolgen.

Von Zeit zu Zeit ist eine Anzahl von Mitgliederbüchern zum Zweck der Vergleichung mit dem Hauptbuche einzuziehen.

§ 14.

Bei der Kontrole der Waarenbestände ist festzustellen, ob sämmtliche nach Kassenbuch, sowie nach den eingegangenen und nach dem Datum geordnet aufzubewahrenden Fakturen gekauften Waaren so zur Verbuchung gebracht sind, daß sie als aktive Bestandtheile des Waarenlagers erscheinen; die Summe des Ausganges an Waaren ergiebt sich aus den Abrechnungen mit dem Geschäftsführer. Die Differenz zwischen den eingekauften und verkauften Waaren giebt den buchmäßigen Sollbestand.

§ 15.

Das Lagerbuch-Konto ist in Bezug auf Gewicht oder Maß und Preis der übergebenen Waaren, auf Buchung und Verrechnung der Abgabe des Erlöses an den Kassirer zu prüfen.

Bei dem Hauptbuche hat der Aufsichtsrath außer auf die rein rechnerische Thätigkeit durch Addition und die Richtigkeit der Ueberträge sein Hauptaugenmerk darauf zu richten, daß jeder Posten stets im richtigen Verhältnisse zu dem Konto-Inhaber gebucht ist, der ihn zu zahlen oder zu erhalten hatte — daß er richtig ins Soll oder Haben gebucht ist. Die auf den Konten des Hauptbuches sich ergebenden Abschlußsummen (Saldi) bilden die Grundlage der Bilanz und sind daher mit dem zum Zwecke der Aufstellung derselben gemachten Auszuge zu vergleichen.

Die Bilanz muß in den einzelnen Posten auf ihrer Uebereinstimmung mit dem Hauptbuche, sowie auf die Bestimmungen des Handelsgesetzbuches und des Statuts geprüft werden.

§ 16.

Für die ordentlichen und außerordentlichen Revisionen ernennt der Aufsichtsrath Revisions-Kommissionen von 2 oder 3 Mitgliedern in der Weise, daß möglichst alle Mitglieder des Aufsichtsraths im Laufe des Jahres zu den Revisionen herangezogen werden.

§ 17.

Die Revisions-Kommission fungirt als Organ des Aufsichtsrathes und ist verantwortlich für die sorgfältige Ausführung der Revision.

Der Aufsichtsrath ist befugt, einen Rechnungsverständigen, welcher nicht Mitglied des Vereins zu sein braucht, zur Besorgung der kalkulatorischen Revisionsarbeiten bei Revision der Jahresrechnung, sowie bei den sonstigen im Laufe des Jahres erfolgenden Revisionen hinzuzuziehen und dessen Honorar festzusetzen.

§ 18.

Ueber alle vorgenommenen Revisionen sind Protokolle aufzunehmen, aus welchen der Umfang der vorgenommenen Revisionshandlungen, die dabei betheiligten Personen und die Arbeiten, welche dieselben im Einzelnen ausgeführt haben, sowie das Ergebniß der Revision genau ersichtlich sind.

Das Protokoll ist in der nächsten Aufsichtsrathssitzung vorzulegen und, sobald es Monita enthält, dem Vorstande zur baldigen Erledigung derselben zu überweisen. Bleiben einzelne Monita unerledigt, so hat der Aufsichtsrath der Generalversammlung darüber Bericht zu erstatten.

§ 19.

Am Schlusse des Geschäftsjahres hat der Aufsichtsrath mit dem Vorstande behufs Aufstellung der Jahresrechnung und Bilanz eine vollständige Inventur vorzunehmen.

Zu diesem Zwecke sind am letzten Tage des Geschäftsjahres

a) das Kassenbuch abzuschließen und der Sollbestand der Kasse festzustellen, sodann der wirkliche Kassenbestand nach den vorhandenen Geldsorten, Kassenscheinen, Banknoten und Koupons aufzunehmen;
b) die vorhandenen Bestände an Waaren, Wechseln, Schuldscheinen, Werthpapieren und Gegenmarken festzustellen, zu verzeichnen und mit den geführten Büchern zu vergleichen.

Soweit diese Arbeit an demselben Tage nicht zu beenden ist, ist dieselbe an dem nächstfolgenden Tage fortzusetzen, bis dahin aber Alles unter sicheren Verschluß zu nehmen, damit jede Möglichkeit zu Verfügungen, durch welche ein Defekt verdeckt werden könnte, ausgeschlossen ist.

Die Wechsel, sowie alle übrigen vorhandenen Schulddokumente und Werthpapiere sind nach ihrem rechnungsmäßigen und wirklichen Werthe zu untersuchen und einzeln zu verzeichnen.

Alle Werthpapiere sind hierbei höchstens nach dem Börsenkurse am Tage des Abschlusses aufzunehmen.

§ 20.

Außer der am Schlusse des Geschäftsjahres vorzunehmenden ordentlichen Inventur hat der Aufsichtsrath noch mindestens eine außerordentliche, unangesagte Inventur zu veranlassen.

Die Inventuren in dem Verkaufslokale sind von der mit der Aufsicht des Verkaufslokales betrauten Kommission auszuführen unter Zuziehung von noch mindestens einem zu diesem Zwecke vom Aufsichtsrathe gewählten Mitgliede.

Vor Beginn der Inventur hat der Geschäftsführer (Lagerhalter) zu Protokoll zu erklären, ob alle dem Verein zugehörigen Gelder richtig vereinnahmt seien, verneinenden Falls, welche Beträge und aus welcher Veranlassung noch ausstehen.

Demnächst erfolgt die Abnahme des baaren Kassenbestandes, welche zu Protokoll vermerkt wird.

Bei Feststellung der Waarenvorräthe haben die Aufsichtsrathsmitglieder namentlich darauf zu achten, daß

1. sämmtliche vorhandene Waaren genau aufgenommen und dieselbe Waare nicht zweimal aufgenommen wird,
2. die doppelt geführten Inventurlisten in ihren Angaben mit einander übereinstimmen, etwaige Differenzen vor Abschluß des Protokolls ermittelt und ausgeglichen werden,
3. etwaige Einwendungen des Geschäftsführers (Lagerhalters) gegen die in die Inventurliste eingetragenen Quantitäten einzelner Waaren sofort durch wiederholte Feststellung derselben erledigt werden.

Die Inventurprotokolle sind von sämmtlichen Mitwirkenden einschließlich des Geschäftsführers (Lagerhalters) zu unterzeichnen.

Für die Inventur ist die beiliegende Anleitung zur Aufnahme der Waarenbestände maßgebend.

§ 21.

Nach der Bestimmung in § 63 des Genossenschaftsgesetzes ist der Aufsichtsrath zu den Revisionen des Revisors zuzuziehen.

In jedem Falle einer ordentlichen Revision durch den Verbandsrevisor hat der Aufsichtsrath darüber zu beschließen, wie viele und welche Mitglieder des Aufsichtsraths bei der Revision mitzuwirken haben.

Der Vorsitzende des Aufsichtsraths oder dessen Stellvertreter müssen bei der Revision durch den Verbandsrevisor stets anwesend und betheiligt sein.

§ 22.

Die gemeinschaftlichen Sitzungen des Vorstandes und des Aufsichtsraths finden in der Regel unmittelbar nach den ordentlichen Sitzungen des Aufsichtsraths statt; der Vorsitzende des Aufsichtsraths aber kann außerdem gemeinschaftliche Sitzungen von Vorstand und Aufsichtsrath berufen, wenn er dieses für erforderlich hält, und er muß solche berufen, wenn der Vorstand oder drei Mitglieder des Aufsichtsraths unter schriftlicher Angabe der Berathungsgegenstände dieses verlangen.

In den gemeinschaftlichen Sitzungen von Vorstand und Aufsichtsrath führt der Vorsitzende des Aufsichtsraths oder dessen Stellvertreter den Vorsitz. Der Vorsitzende ernennt den Schriftführer.

In den gemeinschaftlichen Sitzungen des Vorstandes und des Aufsichtsraths haben die Mitglieder des Vorstandes und die Mitglieder des Aufsichtsraths Stimmrecht. Die gemeinschaftliche Sitzung von Vorstand und Aufsichtsrath ist beschlußfähig, wenn die Mehrheit der Mitglieder des Vorstandes und die Mehrheit der Mitglieder des Aufsichtsraths anwesend sind.

Zu einem giltigen Beschlusse wird die Mehrheit der anwesenden Mitglieder des Vorstandes und die Mehrheit der anwesenden Mitglieder des Aufsichtsraths erfordert.

In die Protokolle sind die gefaßten Beschlüsse aufzunehmen, und die Protokolle sind von den anwesenden Mitgliedern des Vorstandes und des Aufsichtsraths zu unterzeichnen.

§ 23.

Die Verträge mit den Mitgliedern des Vorstandes hat der Vorsitzende des Aufsichtsraths nach den Beschlüssen des Aufsichtsraths und in dessen Namen abzuschließen.

§ 24.

Diese Geschäftsanweisung hat die Generalversammlung am . . . . . . genehmigt, sie ist von den Aufsichtsrathsmitgliedern durch Unterschrift anzuerkennen.

Dieselbe ist jedem Aufsichtsrathsmitgliede in einem Exemplare auszufertigen.

---

## 4. Anleitung zur Aufnahme der Waarenbestände in einer Rohstoffgenossenschaft.

§ 1.

Die Inventarisirung der Waarenvorräthe behufs Aufstellung der Bilanz hat in der Weise zu erfolgen, daß die Waaren zu den Selbstkosten berechnet werden, auch wenn sie inzwischen im Preise gestiegen sind, daß sie aber, falls der Preis inzwischen heruntergegangen sein sollte, oder falls sie durch Alter, Lagerung oder sonstige Umstände minderwerthig geworden, nach entsprechenden Abschreibungen zur Berechnung gestellt werden. Minderwerthig gewordene Waaren sind zur Berücksichtigung bei der Bilanzaufstellung getrennt zu notiren.

§ 2.

Der Abrechnung mit dem Geschäftsführer (Lagerhalter, Verkäufer) werden lediglich die Verkaufspreise zu Grunde gelegt.

§ 3.

Die Inventuren sind nie anders als unter Mitwirkung des Geschäftsführers (Lagerhalters, Verkäufers) oder eines von ihm Bevollmächtigten vorzunehmen.

§ 4.

Außerordentliche Inventuren, die lediglich eine Kontrolirung der Geschäftsführung des Geschäftsführers (Verkäufers, Lagerhalters) bezwecken, sind Letzterem erst unmittelbar mit Beginn derselben anzumelden und ist bei denselben mit der Zählung resp. Abführung der Ladenkasse zu beginnen.

§ 5.

Allen Inventuren haben ein oder mehrere Aufsichtsrathsmitglieder beizuwohnen, welche die Richtigkeit der Aufnahme überwachen. In besonders dringenden Fällen kann der Vorstand außerordentliche Inventuren allein anordnen und vornehmen.

§ 6.

Der Vorstand hat jede Inventur vorzubereiten:

a) durch Herstellung von zwei genau übereinstimmenden Inventurlisten für jedes Lager. In diesen Listen müssen die sämmtlichen vom Verein geführten Artikel verzeichnet sein. Zur Einzeichnung der Quantitäten können zweckmäßiger Weise mehrere Rubriken vorhanden sein, so daß z. B. die im Keller lagernden Waaren in die erste, die in den örtlich getrennten Niederlagen lagernden und die im Verkaufslokal vorhandenen Waaren getrennt in die weiteren Rubriken eingetragen werden. Mindestens müssen die Listen mit den Rubriken aa außerhalb des Ladens, bb im Laden eingerichtet werden. Eine letzte Rubrik dient dann zur Einzeichnung des vorgefundenen Gesammtbestandes jedes einzelnen Artikels. Die Liste muß neben den Selbstkosten- bezw. Inventurpreisen (§ 1) die am Inventurtage geltenden Verkaufspreise enthalten;

b) durch Herstellung eines Taraverzeichnisses für die auf Lager befindlichen und noch nicht entleerten Kübel, Kisten, Säcke u. s. w. Ein solches Verzeichniß ist jeder Liste beizufügen;

c) Regalkasten und sonstige zu dauerndem Gebrauch bestimmte Behälter wägbarer Waaren sind mit einer deutlichen Auszeichnung ihrer Tara zu versehen, um in allen Fällen das Nettogewicht feststellen zu können, ohne störende und verlustbringende Umschüttungen oder Umfüllungen vornehmen zu müssen.

§ 7.

Die Leitung der Inventur führt das derselben anwohnende Vorstandsmitglied.

§ 8.

Bei der Aufnahme sind zwei Inventurlisten zu führen, und zwar die eine für den Verein, die andere für den Geschäftsführer (Verkäufer, Lagerhalter). Letzterem wird anheimgestellt, seine Liste selbst zu führen.

§ 9.

Die Eintragungen in die betreffenden Rubriken der Listen erfolgen sofort.

§ 10.

Die Waarenaufnahme findet nicht gruppenweise an verschiedenen Stellen zugleich, sondern immer nur an einem Lagerungsorte statt, und zwar nicht nach der Ordnung der Inventurliste, sondern einzig und allein nach der Reihenfolge des Standortes oder der Lagerung im Lokale. — Jeder Posten ist in diejenige Rubrik der Liste einzutragen, deren Kopf die Bezeichnung des Lagerungsortes angiebt.

§ 11.

Die Aufnahme von in Fässern vorhandenen Flüssigkeiten, auch wenn sie nach Gemäß abgegeben werden, erfolgt entweder durch Gewichtsermittelung mit nachheriger Reduktion, oder durch Berechnung des kubischen Inhalts mittelst Maßstabs.

§ 12.

Zum Schluß der Inventur findet eine vollständige Kollationirung der beiden Listen statt, welche sich auch auf die eingetragenen Einheitspreise erstrecken muß. Abweichungen oder Unrichtigkeiten sind sofort richtig zu stellen.

§ 13.

Die Richtigkeit der gemachten Aufzeichnungen ist gleich nach beendigter Inventur sowohl von sämmtlichen Mitwirkenden, als insbesondere vom Geschäftsführer (Verkäufer, Lagerhalter) resp. dessen Bevollmächtigten durch Unterzeichnung beider Inventurlisten anzuerkennen. Im Falle der späteren Feststellung der Werthsummen aller Bestände ist über letztere noch ein besonderes Anerkenntniß vom Lagerhalter zu verlangen.

---

## 4a. Grundsätze für eine Marken-Inventur.

Die Marken-Inventur hat mit der Aufnahme der Bestände der Lagerkasse zu beginnen; sodann sind die in Händen des Geschäftsführers (Lagerhalters) befindlichen Dividendenmarken nachzuzählen und ihr Bestand ist festzustellen; darauf ist aus dem Kassenablieferungsbuch des Geschäftsführers (Lagerhalters) und dem Kassenbuch des Vereins festzustellen, welche Kassenbeträge der Geschäftsführer (Lagerhalter) im Laufe der Geschäftsperiode an den Kassirer abgeführt hat; schließlich ist aus dem darüber zu führenden Dividendenmarken-Konto festzustellen, welche Beträge an Dividendenmarken dem Geschäftsführer (Lagerhalter) im Laufe der Geschäftsperiode vom Vorstande übergeben worden sind.

Die Summe der Lagerkasse, des Dividendenmarkenbestandes und der abgeführten Kassenbeträge soll gleich dem Betrage an Dividendenmarken sein, welche der Geschäftsführer (Lagerhalter) im Laufe der Geschäftsperiode vom Vorstande empfangen hat.

Die Richtigkeit der Marken-Inventur ist sofort nach erfolgter Beendigung derselben unter der in einem Buche zu machenden Aufstellung von den dabei betheiligten Vorstands- und Aufsichtsrathsmitgliedern und vom Lagerhalter durch Namensunterschrift anzuerkennen.

## VIII.

# 1. Muster-Statut einer Magazingenossenschaft.

**Statut der Magazginenossenschaft zu . . . . . . . . . . . . . . . .,**
eingetragene Genossenschaft mit beschränkter Haftpflicht.

### A. Firma, Sitz und Gegenstand des Unternehmens.

§ 1.

Die Genossenschaft führt die Firma . . . . . . . . . . . . . . . . . ., eingetragene Genossenschaft mit beschränkter Haftpflicht, und hat ihren Sitz zu . . . . . . . . . .

Gegenstand des Unternehmens ist der Verkauf der von den Mitgliedern für eigene Rechnung eingelieferten . . . . . .-Waaren in einem zu diesem Zwecke errichteten gemeinsamen Magazin.

### B. Betriebskapital.

§ 2.

Das Betriebskapital besteht:

1. aus dem Genossenschaftsvermögen, welches gebildet wird durch Eintrittsgelder, Einzahlungen auf die Geschäftsantheile und Zuschreibungen vom Jahresgewinn zu den Geschäftsguthaben und zu dem Reservefonds;
2. aus fremden Geldern, welche nach dem Umfange der Geschäfte aufgenommen werden.

### C. Ordnung und Leitung der Genossenschaftsangelegenheiten. Organe der Genossenschaft.

§ 3.

Die Genossenschaft ordnet ihre Angelegenheiten unter Theilnahme aller ihrer Mitglieder. Ihre Organe sind:

1. der Vorstand,
2. der Aufsichtsrath,
3. die Generalversammlung.

## I. Der Vorstand.

### a) Zusammensetzung und Wahl.

§ 4.

Der Vorstand besteht aus

1. dem Direktor,
2. dem Kassirer,
3. dem Magazinverwalter

und wird in der Generalversammlung auf Vorschlag des Aufsichtsrathes in getrennten Wahlakten mittelst Stimmzettel gewählt.*)

Die Vorstandsmitglieder werden auf nicht längere Zeit als 3 Jahre gewählt und ist bei Neuwahlen die Wahlperiode der einzelnen Vorstandsmitglieder so zu bestimmen, daß dieselben sich abwechselnd einer Neuwahl zu unterziehen haben und ein gleichzeitiges Ausscheiden mehrerer Mitglieder vermieden wird. Erhält der Vorgeschlagene die Mehrheit nicht, so muß der Aufsichtsrath in derselben oder in einer anderen Versammlung weitere Vorschläge machen. Der Aufsichtsrath kann den von der Generalversammlung abgelehnten Vorschlag wiederholen.

Die Wiederwahl derselben Personen nach Ablauf der Wahlperiode ist zulässig.

### b) Befugnisse und Geschäftsführung des Vorstandes.

§ 5.

Der Vorstand vertritt die Genossenschaft gerichtlich und außergerichtlich nach den ihm in dem Genossenschaftsgesetz ertheilten Befugnissen und zeichnet für dieselbe.

Die Zeichnung geschieht in der Weise, daß die Zeichnenden zu der Firma der Genossenschaft ihre Namensunterschrift hinzufügen. Zwei Vorstandsmitglieder können rechtsverbindlich für die Genossenschaft zeichnen und Erklärungen abgeben.

Der Vorstand führt die Geschäfte der Genossenschaft selbständig, soweit er nicht durch das gegenwärtige Statut oder Generalversammlungsbeschlüsse oder besondere Geschäftsanweisungen darin beschränkt und an die Genehmigung des Aufsichtsraths oder der Generalversammlung gewiesen ist.

Ueber alle in Genossenschaftsangelegenheiten zu treffenden Maßnahmen und über alle abzuschließenden Geschäfte beschließt der Vorstand nach Stimmenmehrheit unter Leitung des Direktors in Sitzungen, die theils regelmäßig stattfinden, theils von Letzterem unter Bezeichnung der Gegenstände der Verhandlung berufen werden, so daß mindestens zwei Vorstandsmitglieder über jede Maßregel einig sein müssen, welche in Genossenschaftsangelegenheiten vorgenommen werden soll. Mitglieder des Vorstandes, welche bei einem zu berathenden Gegenstande betheiligt sind, dürfen während der Berathung und Beschlußfassung über diesen Gegenstand der Sitzung nicht beiwohnen.

Die Beschlüsse sind protokollarisch in ein dazu bestimmtes Buch einzutragen und von den Betheiligten zu unterschreiben.

*) Es ist also stets absolute Mehrheit nothwendig.

§ 6.

Die Vorstandsmitglieder müssen auf Erfordern den Sitzungen des Aufsichtsraths beiwohnen und alle Aufschlüsse ertheilen, welche der Aufsichtsrath verlangt. Bei der Beschlußfassung haben die Mitglieder des Vorstandes nicht mitzuwirken. Nur in den nach § 15 dieses Statuts angeordneten gemeinschaftlichen Sitzungen von Vorstand und Aufsichtsrath haben die Mitglieder des Vorstandes und die Mitglieder des Aufsichtsraths Stimmrecht.

Der Vorstand hat am Schlusse jeden Monats einen die Einnahmen und Ausgaben des ganzen Monats umfassenden Rechnungsauszug nebst Geschäftsbilanz dem Aufsichtsrathe einzureichen, am Jahresschlusse die Jahresrechnung aufzustellen, dem Aufsichtsrathe vorzulegen und der Generalversammlung über die Verwaltung des abgelaufenen Geschäftsjahres Bericht zu erstatten.

§ 7.

Die Mitglieder des Vorstandes haben die Sorgfalt eines ordentlichen Geschäftsmannes anzuwenden. Mitglieder des Vorstandes, welche ihre Obliegenheiten verletzen, haften der Genossenschaft persönlich und solidarisch für den dadurch entstandenen Schaden.

§ 8.

Die Art der Ausführung der Obliegenheiten des Vorstandes wird durch eine vom Vorstand und Aufsichtsrath zu entwerfende und von der Generalversammlung zu genehmigende Geschäftsanweisung geregelt. Die Geschäftsanweisung ist von den Mitgliedern des Vorstandes zu unterzeichnen.

§ 9.

Für den Fall der dauernden Verhinderung, des Ausscheidens oder des Todes eines der Vorstandsmitglieder vor Ablauf der Wahlperiode hat der Aufsichtsrath wegen der nöthigen Stellvertretung sofort Fürsorge zu treffen und in den letzteren beiden Fällen die Nachwahl zu veranlassen.

c) Besoldung und Kaution der Vorstandsmitglieder.

§ 10.

Die Vorstandsmitglieder erhalten eine Besoldung, welche in den Anstellungsverträgen vereinbart wird und der Genehmigung der Generalversammlung unterliegt.

Der Magazinverwalter und der Kassirer haben der Genossenschaft Kaution zu stellen, welche in dem Anstellungsvertrage mit Genehmigung der Generalversammlung festgestellt wird.

## II. Der Aufsichtsrath.

### a) Zusammensetzung und Wahl.

§ 11.

Der Aufsichtsrath besteht aus 9 Mitgliedern, welche in der Generalversammlung nach absoluter Stimmenmehrheit der in der Generalversammlung anwesenden Genossen in einem Wahlgange auf drei Jahre gewählt werden.

Wenn hierbei mehr Personen, als zu wählen sind, die absolute Mehrheit erhalten, so sind diejenigen gewählt, welche die meisten Stimmen erhalten haben. Wird dagegen die absolute Mehrheit beim ersten Wahlgange nicht erreicht, so kommt von denen, welche die meisten Stimmen erhalten haben, die doppelte Zahl der noch zu Wählenden auf die engere Wahl und wird mit der engeren Wahl in derselben Art so lange fortgefahren, bis für alle zu Wählenden eine absolute Stimmenmehrheit erzielt ist. Bei Stimmengleichheit entscheidet das Loos.

Die Aufsichtsrathsmitglieder müssen Genossen sein.

Von den Mitgliedern des Aufsichtsrathes scheidet alljährlich, und zwar zunächst im Jahr . . ., ein Drittel aus und wird durch Neuwahl, wobei die Ausscheidenden wieder wählbar sind, in der ordentlichen Generalversammlung ersetzt. In den ersten beiden Jahren entscheidet über die Reihenfolge des Ausscheidens das Loos, später die Zeit des Eintritts der Einzelnen. Die ausscheidenden Aufsichtsrathsmitglieder sind wieder wählbar.

Im Falle des durch Tod oder durch andere Gründe herbeigeführten Ausscheidens eines Aufsichtsrathsmitgliedes vor Ablauf seiner Wahlperiode hat die nächste Generalversammlung eine Neuwahl für den Rest der Wahlperiode vorzunehmen.

### b) Geschäftsführung.

### § 12.

Der Aufsichtsrath überträgt einem seiner Mitglieder den Vorsitz, einem Anderen das Schriftführeramt und ernennt zugleich für Beide, in Fällen der Abhaltung, Stellvertreter. Er faßt seine Beschlüsse nach Stimmenmehrheit der in seinen Sitzungen Erschienenen. Bei Stimmengleichheit gilt der Antrag als abgelehnt. Bei Wahlen entscheidet in diesem Falle das Loos. Der Aufsichtsrath ist beschlußfähig, wenn 5 seiner Mitglieder anwesend sind.

Zur Erledigung seiner Geschäfte hält der Aufsichtsrath in der Regel monatlich zu einer bestimmten Zeit im Geschäftslokal der Genossenschaft eine ordentliche Sitzung ab.

Außerordentliche Sitzungen hat der Vorsitzende des Aufsichtsraths zu berufen, wenn er dieses für erforderlich hält, oder wenn der Vorstand oder der dritte Theil der Mitglieder des Aufsichtsraths solches unter schriftlicher Angabe der Berathungsgegenstände verlangen.

Mit der Einladung zu einer außerordentlichen Aufsichtsrathssitzung sind die Gegenstände der Verhandlung den Mitgliedern des Aufsichtsraths bekannt zu machen.

Die Protokolle müssen die gefaßten Beschlüsse enthalten und werden von den anwesenden Mitgliedern des Aufsichtsraths, sowie von den anwesenden Vorstandsmitgliedern unterzeichnet.

Aufsichtsrathsmitglieder, welche bei zu berathenden Gegenständen betheiligt sind, dürfen den Verhandlungen und der Beschlußfassung über diese Gegenstände nicht beiwohnen.

c) Obliegenheiten und Befugnisse des Aufsichtsraths.

§ 13.

Der Aufsichtsrath hat die Geschäftsführung in allen Zweigen der Verwaltung zu überwachen und muß sich über den Gang der Verwaltung stets unterrichtet halten.

Der Aufsichtsrath kann zu jeder Zeit von dem Vorstande über alle Angelegenheiten der Genossenschaft Bericht und Aufklärung verlangen, von den Büchern, Schriften und Urkunden Einsicht nehmen und den Bestand der Kasse, sowie die Bestände an Waaren, an Werth- und Handelspapieren und sonstigen Gegenständen untersuchen. Er kann die Vorstandsmitglieder vorläufig, bis zur Entscheidung der demnächst zu berufenden Generalversammlung, von der Leitung der Geschäfte entfernen und hat alsdann wegen deren einstweiligen Fortführung durch Ernennung von Stellvertretern, sowie wegen Uebernahme der Kassenbestände, Waaren, Dokumente, Bücher und Papiere der Genossenschaft die nöthigen Anordnungen zu treffen.

Der Aufsichtsrath hat die Monatsabschlüsse des Vorstandes zu prüfen und sich dabei die nöthigen Uebersichten über die Geschäfte zu verschaffen, die Jahresrechnung, die Bilanz und die Vorschläge zur Vertheilung von Gewinn und Verlust zu prüfen und darüber der Generalversammlung vor Genehmigung der Bilanz Bericht zu erstatten.

Der Aufsichtsrath hat bei den Revisionen durch den Verbandsrevisor*) mitzuwirken und in der nächsten Generalversammlung über das Ergebniß der Revision zu berichten.

§ 14.

Das vom Aufsichtsrath bei seiner Geschäftsthätigkeit einzuhaltende Verfahren wird in einer vom Vorstand und Aufsichtsrath aufzustellenden, von der Generalversammlung zu genehmigenden Geschäftsanweisung bestimmt.

Die Geschäftsanweisung muß von den Mitgliedern des Aufsichtsrathes unterschrieben werden.

Die Mitglieder des Aufsichtsrathes haben die Sorgfalt eines ordentlichen Geschäftsmannes anzuwenden. Mitglieder, welche ihre Obliegenheiten verletzen, haften der Genossenschaft persönlich und solidarisch für den dadurch entstandenen Schaden.

§ 15.

Ueber folgende Angelegenheiten haben Vorstand und Aufsichtsrath in gemeinsamer Sitzung zu beschließen:

1. über außerordentliche Ausgaben im Betrage von . . . bis . . . Mk.;
2. über Abschlüsse von Mieths- und Pachtverträgen und anderen Verträgen, welche wiederkehrende Verpflichtungen für den Verein begründen;
3. über die Grundsätze bei der Aufnahme von Anlehen innerhalb der durch die Generalversammlung bestimmten Grenze;

*) Oder gerichtlich bestellten Revisor, wenn die Genossenschaft einem Revisionsverbande nicht angehört.

4. über die Grundsätze bei der Unterbringung zeitweilig müßiger Kassenbestände;
5. über Anlegung des Reservefonds;
6. über die Aufnahme neuer Mitglieder und über die Ausschließung von Mitgliedern; über das Ausscheiden eines Mitgliedes nach Maßgabe des § 76 des Genossenschaftsgesetzes durch Uebertragung des Geschäftsguthabens;
7. über Anstellung und Entlassung von Beamten im Dienste der Genossenschaft und die Regelung ihrer Besoldung, sowie über die Verfolgung von Rechtsansprüchen gegen solche Beamte;
8. über die Grundsätze für die Annahme und die Festsetzung der Verkaufspreise der in das Magazin gelieferten Waaren, über die Höhe der Lagergelder und der Verkaufsprozente und über das Ausscheiden unverkäuflicher Waaren;
9. über die Aufstellung von Geschäftsanweisungen und die Einrichtung der Buchführung;
10. über Anschluß an Genossenschaftsverbände, Austritt aus denselben und über Beschickung der Allgemeinen Genossenschaftstage und der Unterverbandstage, über die Wahl der Abgeordneten und die Festsetzung ihrer Reiseentschädigung.

In den gemeinschaftlichen Sitzungen des Vorstandes und des Aufsichtsraths haben die Mitglieder des Vorstandes und die Mitglieder des Aufsichtsraths Stimmrecht. Die gemeinschaftliche Sitzung von Vorstand und Aufsichtsrath ist beschlußfähig, wenn die Mehrheit der Mitglieder des Vorstandes und die Mehrheit der Mitglieder des Aufsichtsraths anwesend sind.

Die Beschlüsse werden nach Stimmenmehrheit der anwesenden Mitglieder des Vorstandes und der anwesenden Mitglieder des Aufsichtsraths gefaßt.

Den Vorsitz in den gemeinschaftlichen Sitzungen führt stets der Vorsitzende des Aufsichtsraths oder dessen Stellvertreter.

## III. Die Generalversammlung.

### a) Theilnahmerecht.

### § 16.

Die Rechte, welche den Mitgliedern der Genossenschaft in den Angelegenheiten derselben zustehen, werden von ihnen in der Generalversammlung ausgeübt.

Jedes derselben hat bei den zu fassenden Beschlüssen eine Stimme, welche auf keinen Dritten übertragen werden kann.

Nur Korporationen, Handelsgesellschaften und andere Personenvereine, welche Mitglieder sind, und mehrere Erben eines verstorbenen Mitgliedes können sich durch einen mit schriftlicher Vollmacht versehenen Bevollmächtigten vertreten lassen; der Bevollmächtigte kann in diesen Fällen nicht mehr als einen Genossen vertreten.

b) Berufung und Einladung.

§ 17.

Die Berufung der Generalversammlung geht in der Regel vom Aufsichtsrathe aus; doch kann, wenn der Aufsichtsrath dieselbe verzögert, auch der Vorstand dazu schreiten.

Die Einladung zur Generalversammlung erfolgt durch einmalige Einrückung in dem in § 43 bestimmten Blatte. Dieselbe wird, wenn sie vom Aufsichtsrathe ausgeht, von dessen Vorsitzenden, andernfalls vom Vorstande in gewöhnlicher Art unterzeichnet. Die betreffende Nummer des Blattes muß mindestens 10 Tage vor der Versammlung ausgegeben werden.

Mit der Einladung zur Generalversammlung sollen die Anträge und sonstigen Gegenstände der Tagesordnung kurz bekannt gemacht werden.

Ueber Anträge und Gegenstände, welche nicht mindestens drei Tage vor der Generalversammlung in dem für die Veröffentlichungen der Bekanntmachung der Generalversammlung bestimmten Blatte angekündigt sind, können Beschlüsse nicht gefaßt werden.

Beschlüsse über die Leitung der Generalversammlung, sowie über Anträge auf Berufung einer außerordentlichen Generalversammlung sind hiervon ausgenommen.

Anträge für die Tagesordnung der Generalversammlung, welche nach der Bekanntmachung der Einladung zur Generalversammlung rechtzeitig und nach der Vorschrift des § 20 dieses Statuts eingebracht werden, sind durch einmalige Einrückung in das in § 43 bestimmte Blatt bekannt zu machen.

c) Ordentliche Generalversammlungen.

§ 18.

Die Generalversammlungen finden regelmäßig statt:

1. nach dem Schlusse des Geschäftsjahres behufs Mittheilung der Jahresrechnung, Beschlußfassung über die Gewinnvertheilung und die dem Vorstande zu ertheilende Entlastung, sowie Erledigung etwaiger Beanstandungen der Rechnung;
2. mindestens 4 Wochen vor Schluß des Geschäftsjahres zur Vornahme der Wahlen für die ausscheidenden Vorstands- und Aufsichtsrathsmitglieder.

Die Bilanz, sowie eine den Gewinn und Verlust des Jahres zusammenstellende Berechnung (Jahresrechnung) müssen mindestens eine Woche vor der Generalversammlung, welche über die Genehmigung der Bilanz und die Gewinnvertheilung zu beschließen hat, in dem Geschäftslokale der Genossenschaft zur Einsicht der Genossen ausgelegt werden.

Jedem Genossen muß auf sein Verlangen und auf seine Kosten eine Abschrift der Bilanz, sowie der Jahresrechnung zugestellt werden.

d) Außerordentliche Generalversammlungen.

§ 19.

Außerordentliche Generalversammlungen können jederzeit nach Bedürfniß berufen werden. Der Aufsichtsrath ist dazu verpflichtet, wenn der Vorstand oder wenigstens der zehnte Theil der Genossenschaftsmitglieder in einer von ihnen unterzeichneten Eingabe unter Anführung des Zwecks und der Gründe darauf antragen.

Wird dem Verlangen der Mitglieder weder vom Aufsichtsrath noch vom Vorstand entsprochen, so können sich die Genossen an das Gericht wenden, welches die Genossen zur Berufung der Generalversammlung ermächtigen kann. Die Berufung erfolgt in dem in § 43 bezeichneten Blatte und wird von den Mitgliedern unterzeichnet; mit der Berufung ist die gerichtliche Ermächtigung bekannt zu machen.

### e) Tagesordnung.

### § 20.

Die Tagesordnung wird vom Aufsichtsrath festgesetzt, sofern derselbe die Versammlung beruft, andernfalls vom Vorstande oder den Genossen, welche die Versammlung berufen haben; doch müssen alle Anträge darin aufgenommen werden, welche von einem der beiden Organe oder dem zehnten Theil der Genossen so zeitig gestellt worden sind, daß sie drei Tage vor der Generalversammlung bekannt gemacht werden können.

Wird dem Verlangen der Genossen auf Ankündigung ihrer Anträge nicht stattgegeben, so können sie sich an das Gericht wenden und dieses kann sie zur Ankündigung des Gegenstandes ermächtigen. Die Mitglieder haben die Anträge durch das in § 43 bezeichnete Blatt mindestens drei Tage vor der Generalversammlung anzukündigen und mit der Ankündigung der Anträge die gerichtliche Ermächtigung bekannt zu machen.

### f) Leitung.

### § 21.

Die Leitung der Generalversammlung gebührt dem Vorsitzenden des Aufsichtsraths oder einem Mitgliede des Vorstandes, je nachdem die Berufung von dem Vorstande oder von dem Aufsichtsrathe ausgeht. Wird die Generalversammlung von den Mitgliedern berufen, so wählen diese den Vorsitzenden. Durch Beschluß der Generalversammlung kann jedoch die Leitung jederzeit einem anderen Genossen übertragen werden.

Der Vorsitzende ernennt den Schriftführer.

### g) Abstimmung.

### § 22.

Die Abstimmung erfolgt mittelst Aufhebens der Hände. Der Vorsitzende kann, sobald ihm das Resultat zweifelhaft erscheint, die Zählung durch zwei von ihm aus den Genossen ernannte Stimmzähler vornehmen lassen, er ist hierzu verpflichtet, sobald zehn Genossen in der Versammlung darauf antragen. Nur bei Ausschließung eines Genossen und bei Wahlen erfolgt die Abstimmung stets durch Stimmzettel.

b) Beschlüsse.

§ 23.

Die von der Mehrheit der in einer Generalversammlung erschienenen Genossen gefaßten Beschlüsse haben für die Genossenschaft bindende Kraft, wenn die Einladung zur Generalversammlung und Mittheilung der Tagesordnung nach den Bestimmungen dieses Statuts ordnungsmäßig erlassen ist.

Ueber folgende Angelegenheiten:
1. über Abänderung und Ergänzung des Statuts,
2. über die Abänderung des Gegenstandes des Unternehmens,
3. über die Erhöhung des Geschäftsantheils,
4. über die Erhöhung der Haftsumme,
5. über den Widerruf der Bestellung zum Mitgliede des Aufsichtsrathes,
6. über die Auflösung der Genossenschaft,

kann nur von einer Mehrheit von drei Viertheilen der in der Generalversammlung erschienenen Genossen giltig beschlossen werden.

Zur Giltigkeit der Beschlußfassung:
1. über die Abänderung des Gegenstandes des Unternehmens, und
2. über die Auflösung der Genossenschaft

wird weiter erfordert, daß mindestens ein Dritttheil aller Genossen in der Generalversammlung anwesend ist.

Ist das erforderliche Dritttheil der Genossen in der Generalversammlung nicht anwesend, so wird eine zweite Generalversammlung mit einem Zwischenraum von mindestens acht Tagen und höchstens vier Wochen zur Erledigung derselben Tagesordnung anberaumt, welche ohne Rücksicht auf die Zahl der anwesenden Genossen giltig beschließen kann.

Die über die Verhandlungen der Generalversammlung aufgenommenen Protokolle, welche den Vorgang in seinen wesentlichen Punkten, namentlich die gefaßten Beschlüsse und Wahlen, bei letzteren auch die Zahl und das Verhältniß der abgegebenen Stimmen, enthalten sollen, werden unter dem Datum der Generalversammlung in ein besonderes „Protokollbuch" eingetragen, vom Vorsitzenden, den anwesenden Vorstands- und Aufsichtsrathsmitgliedern, dem Schriftführer und von mindestens drei anderen Genossen unterzeichnet und vom Aufsichtsrathe mit den zugehörigen Anlagen, insbesondere den Belagexemplaren der Blätter, welche die Bekanntmachung der Einladung und die Tagesordnung enthalten, aufbewahrt.

§ 24.

Der Beschlußfassung der Generalversammlung unterliegen, außer den an anderer Stelle ausdrücklich in diesem Statut dahin verwiesenen Gegenständen, folgende Angelegenheiten:
1. die Abänderung und Ergänzung des gegenwärtigen Statuts;
2. die Auflösung der Genossenschaft;
3. die Bestimmung des Höchstbetrages, welchen sämmtliche die Genossenschaft belastenden Anlehen nicht überschreiten dürfen;
4. der Erwerb, die Veräußerung und Belastung von Grundeigenthum;
5. die Wahl der Mitglieder des Vorstandes und des Aufsichtsraths;

6. die Genehmigung der Verträge mit den Mitgliedern des Vorstandes über die denselben zu gewährenden Besoldungen und sonstigen Vergütungen, sowie über die von denselben zu leistenden Kautionen und die Bewilligung von Vergütungen an die Mitglieder des Aufsichtsraths für deren Mühewaltung;
7. die Enthebung der Mitglieder des Vorstandes und des Aufsichtsraths von ihren Aemtern;
8. die Verfolgung von Rechtsansprüchen gegen Mitglieder des Vorstandes und des Aufsichtsraths, sowie die Wahl der Bevollmächtigten zur Führung von Prozessen gegen die Mitglieder des Aufsichtsraths;
9. die Einsetzung der nach § 37 vorgesehenen Revisions-Kommission, und die Wahl der Mitglieder dieser Kommission;
10. die Entscheidung über alle gegen die Geschäftsführung und Beschlüsse des Vorstandes und des Aufsichtsraths eingebrachten Beschwerden;
11. die Genehmigung der die Geschäftsführung des Vorstandes und die Thätigkeit des Aufsichtsraths regelnden Geschäftsanweisungen;
12. die Bestimmung des Mindest- und des Höchstbetrages des Werthes der von jedem Mitgliede in das Magazin einzuliefernden Waaren;
13. die Genehmigung von Ausgaben und Aufwendungen, welche den Betrag von . . . Mk. übersteigen;
14. die Genehmigung der Bilanz, Ertheilung der Entlastung, die Vertheilung von Gewinn, die Deckung von Verlusten;
15. die Entscheidung auf die Berufung nicht aufgenommener oder ausgeschlossener Mitglieder.

## D. Erlangung und Endigung der Mitgliedschaft.

### § 25.

Aufnahmefähig ist, wer sich durch Verträge verpflichten kann und nicht bereits Mitglied einer anderen Gesellschaft ist, welche ein gleichartiges Geschäft betreibt.

Zum Erwerb der Mitgliedschaft ist erforderlich: Aufnahme durch Vorstand und Aufsichtsrath und Ausstellung einer unbedingten schriftlichen Beitrittserklärung.

Dem Abgewiesenen steht die Berufung an die Generalversammlung offen.

### § 26.

Jeder Genosse hat das Recht, mittelst Aufkündigung seinen Austritt aus der Genossenschaft zu erklären.

Die Aufkündigung findet nur zum Schluß eines Geschäftsjahres statt und muß vier Monate vorher schriftlich erfolgen.

Ein Genosse kann ausgeschlossen werden:

1. wenn er die statutenmäßigen Verpflichtungen nicht erfüllt, insbesondere mehr als 12 Monate mit den laufenden Beiträgen im Rückstande geblieben ist;
2. wenn er die Genossenschaft in Schaden gebracht hat oder sonst gegen deren Interesse handelt;

3. wenn über sein Vermögen der Konkurs eröffnet worden ist;
4. wegen Verlustes der bürgerlichen Ehrenrechte.

Gesellschaften sind auszuschließen, im Falle sie aufgelöst werden und keine Kündigung erfolgt.

Die Ausschließung erfolgt durch Beschluß des Vorstandes und des Aufsichtsraths.

Dem Ausgeschlossenen steht die Berufung gegen den Ausschließungsbeschluß an die Generalversammlung binnen 4 Wochen frei.

Von der Ausschließung ist der Genosse durch den Vorstand mittelst eingeschriebenen Briefes ohne Verzug zu benachrichtigen.

Von dem Zeitpunkt der Absendung des Briefes ab kann der Genosse nicht mehr an der Generalversammlung theilnehmen und nicht mehr Mitglied des Vorstandes und Aufsichtsrathes sein.

Im Falle des Todes eines Genossen gilt dieser mit dem Schlusse des Geschäftsjahres, in welchem der Tod erfolgt ist, als ausgeschieden. Bis zu diesem Zeitpunkte wird die Mitgliedschaft des Verstorbenen durch dessen Erben fortgesetzt.

Für mehrere Erben kann das Stimmrecht in der Generalversammlung durch einen Bevollmächtigten ausgeübt werden.

§ 27.

Die Auseinandersetzung mit den ausgeschiedenen Genossen erfolgt auf Grund der Bilanz. Das Geschäftsguthaben ist an den Ausgeschiedenen oder die Erben eines verstorbenen Mitgliedes binnen sechs Monaten nach dem Ausscheiden auszuzahlen. An den Reservefonds und das sonstige Genossenschaftsvermögen hat der ausgeschiedene Genosse keinen Anspruch.

Reicht das Vermögen einschließlich des Reservefonds und der Geschäftsguthaben zur Deckung der Schulden nicht aus, so hat der Ausgeschiedene von dem Fehlbetrage den ihn treffenden Antheil an die Genossenschaft zu zahlen. Der Antheil wird nach den Haftsummen der Mitglieder berechnet.

Wird die Genossenschaft binnen sechs Monaten nach dem Ausscheiden des Genossen aufgelöst, so gilt dasselbe als nicht erfolgt.

§ 28.

Die Uebertragung des Geschäftsguthabens und das Ausscheiden aus der Genossenschaft nach der Bestimmung in § 76 des Genossenschaftsgesetzes ist mit Genehmigung von Vorstand und Aufsichtsrath gestattet.

## E. Rechte und Pflichten der Genossen.

§ 29.

Die Mitglieder der Genossenschaft sind berechtigt:

1. bei allen Beschlüssen und Wahlen in den Generalversammlungen zu stimmen und Anträge zu stellen;
2. nach der Bestimmung in § 19 Generalversammlungen zu berufen;
3. von allen zur Erreichung der Genossenschaftszwecke getroffenen Einrichtungen der Genossenschaft nach Maßgabe der Bestimmungen

dieses Statuts und soweit die vorhandenen Mittel dieses gestatten, Gebrauch zu machen;

4. nach den Bestimmungen in § 38 dieses Statuts eine Dividende vom Reingewinn zu beanspruchen.

Jeder Genosse ist dagegen verpflichtet:

1. sofort nach der Erwerbung der Mitgliedschaft das in § 33 vorgeschriebene Eintrittsgeld zu zahlen;
2. auf den Geschäftsantheil die in § 30 vorgeschriebenen Einzahlungen zu leisten;
3. diesem Statut, den Beschlüssen und dem Interesse der Genossenschaft nicht entgegen zu handeln;
4. für die Verbindlichkeiten der Genossenschaft dieser, sowie unmittelbar den Gläubigern der Genossenschaft nach Maßgabe der Bestimmungen des Gesetzes für Genossenschaften mit beschränkter Haftpflicht solidarisch bis zu der durch das Statut bestimmten Haftsumme zu haften;
5. einen Bestand von Waaren, welcher durch Generalversammlungsbeschluß nach seinem Mindest- und Höchstbetrag festgestellt wird, im Genossenschaftsmagazin zum Verkauf vorräthig zu halten;
6. die Lagergelder und Verkaufsprozente von den von ihm eingelieferten Waaren zu entrichten;
7. kein gleiches oder ähnliches Magazingeschäft am Orte weder allein noch mit Anderen zu gründen, noch sich dabei in irgend einer Weise, sei es durch Vorstreckung von Kapital oder Lieferung von Arbeiten zu betheiligen, sowie überhaupt auf eigene Rechnung Waaren nicht anders als auf Bestellung an Dritte zu verkaufen.

## F. Geschäftsantheil der Mitglieder.

### § 30.

Der Geschäftsantheil jedes Mitgliedes wird auf 500 Mark festgesetzt.

Dieser Geschäftsantheil kann sogleich bei dem Eintritt voll eingezahlt oder nach und nach durch einzelne Einzahlungen ergänzt werden. In dem letzteren Falle müssen die Einzahlungen zum Mindesten monatlich 5 Mark betragen.

Bis zur Erreichung des Geschäftsantheils wird der dem Genossen zufallende Antheil am Reingewinn zurückbehalten und mit den auf den Geschäftsantheil geleisteten Einzahlungen in einem besonderen Konto dem Genossen gutgeschrieben.

Jeder Genosse kann mit mehreren Geschäftsantheilen sich betheiligen, aber mehr als 5 Geschäftsantheile sind nicht gestattet.

Die Betheiligung auf einen zweiten Geschäftsantheil ist unzulässig, bevor der erste Geschäftsantheil erreicht ist. Das Gleiche gilt von der Zulassung zu jedem weiteren Geschäftsantheil.

Jedes Mitglied erhält ein besonderes Buch, in welchem die von ihm geleisteten Einzahlungen auf seinen Geschäftsantheil, die dem Geschäftsguthaben zugeschriebenen Gewinnantheile und die erfolgten Abschreibungen von dem Vorstande eingetragen werden.

**Das Geschäftsguthaben eines Genossen darf während der Dauer der Mitgliedschaft von der Genossenschaft weder ganz noch theilweise ausgezahlt und von der Genossenschaft nicht zum Pfande genommen werden. Eine auf den Geschäftsantheil geschuldete Einzahlung kann nicht erlassen werden.**

### G. Haftsumme.

§ 31.

Die Haftsumme wird auf 500 Mark festgesetzt.

Mit dem Erwerbe eines weiteren Geschäftsantheils erhöht sich die Haftung eines Genossen auf das der Zahl der Geschäftsantheile entsprechende Vielfache der Haftsumme.

### H. Reservefonds.

§ 32.

Zur Deckung etwaiger Geschäftsverluste, welche nicht aus dem Geschäftsertrage des Rechnungsjahres gedeckt werden können, dient der Reservefonds.

Derselbe wird durch die nach § 33 zu entrichtenden Eintrittsgelder neuer Mitglieder und die nach § 39 demselben zu überweisenden Antheile des Reingewinns gebildet und soll allmählich bis zur Höhe von wenigstens 15 Prozent des Gesammtbetrages der Geschäftsguthaben angesammelt und nach Abschreibung von Verlusten wieder auf diesen Betrag gebracht werden.

Der Bestand des Reservefonds verbleibt der Genossenschaft bis zu deren Auflösung, und haben früher ausgeschiedene Mitglieder keine Ansprüche an denselben.

§ 33.

Das Eintrittsgeld der Mitglieder wird von Zeit zu Zeit durch Gesellschaftsbeschlüsse festgesetzt und bis auf Weiteres mit 10 Mark erhoben.

Dasselbe ist sofort bei Erlangung der Mitgliedschaft zu zahlen.

Die Wittwe oder ein Erbe eines verstorbenen Mitgliedes sollen von der Zahlung des Eintrittsgeldes befreit sein, wenn sie innerhalb 6 Monaten nach dem Todestage des Mitgliedes bei dem Vorstand den Antrag auf Aufnahme in die Genossenschaft stellen und als Mitglied aufgenommen werden.

### J. Geschäftsverkehr.

§ 34.

Der Verkehr der Mitglieder mit der Genossenschaft wird durch eine von Vorstand und Aufsichtsrath aufzustellende und von der Generalversammlung zu genehmigende Magazin-Ordnung geregelt, bei welcher die nachfolgenden Bestimmungen zu beachten sind.

Die für das Magazin bestimmten Waaren müssen innerhalb der festgesetzten Geschäftsstunden eingeliefert werden.

Ueber die Aufnahme der Waaren, die Bestimmung des Preises und das Ausscheiden unverkäuflicher Waaren beschließt eine vom Vorstand und Aufsichtsrath eingesetzte Kommission.

Vor Feststellung des Preises darf kein Artikel verkauft werden.

Von den eingelieferten Waaren wird:

1. ein Lagergeld für die Zeit, während deren die Waaren sich im Magazin befinden, berechnet, und werden:
2. bestimmte Prozente vom Verkaufserlös, sobald ein Stück aus dem Magazin verkauft wird, entrichtet.

Die Höhe dieses Lagergeldes und dieser Prozentsätze wird von Vorstand und Aufsichtsrath auf ein Jahr festgesetzt. Für die Berichtigung dieser Spesen haften die in das Magazin eingelieferten Waaren, sowie der aus denselben erzielte Erlös als Pfand.

Bestellungen auf Waaren werden von dem Magazinverwalter entgegengenommen, und wenn die Bestellung von dem Käufer nicht ausdrücklich für ein bestimmtes Mitglied aufgegeben ist, vom Vorstande den Mitgliedern nach den in der Magazin-Ordnung festzustellenden Grundsätzen zugewiesen.

Geschieht die Bestellung nach einem auf dem Magazin befindlichen Muster, so hat dessen Eigenthümer das vorzugsweise Anrecht auf dieselbe.

## K. Rechnungswesen, Vertheilung des Gewinns und Deckung von Verlusten.

### § 35.

Das erste Geschäftsjahr beginnt am . . . . . . . . . und endigt am 31. Dezember 19 . ., nach Ablauf desselben fällt das Geschäftsjahr mit dem Kalenderjahr zusammen. Sofort bei dessen Beendigung muß

1. der Bestand der vorhandenen Kassenvorräthe, Schulddokumente, Werthpapiere und Waarenvorräthe durch den Aufsichtsrath revidirt und festgestellt, sowie
2. mit dem Abschluß der Bücher vom Vorstand begonnen werden.

### § 36.

Die vollständige Jahresrechnung hat der Vorstand längstens bis Mitte Februar des folgenden Jahres dem Aufsichtsrathe vorzulegen, widrigenfalls dieser berechtigt ist, dieselbe unter Aufsicht durch andere Personen auf Kosten des Vorstandes anfertigen zu lassen.

Die Rechnung muß enthalten:

1. eine Uebersicht sämmtlicher Einnahmen und Ausgaben innerhalb des Jahres nach den bei der Buchführung und Kontirung eingeführten Hauptrubriken;
2. eine besondere Gewinn- und Verlustberechnung;
3. die Bilanz über den Stand des Genossenschaftsvermögens (der Aktiva und Passiva) am Jahresschluß.

Bei der Bilanz sind außer den Genossenschaftsschulden der Reservefonds und die Geschäftsguthaben der Mitglieder unter den Passiven, der Werth der Immobilien und Mobilien nach Abzug der gewöhnlichen Abnutzungsprozente oder der darauf vorgenommenen größeren Abschreibungen, der Kassenbestand, die Werthpapiere höchstens zum Tageskurs, sowie die ausstehenden Forderungen unter den Aktiven anzusetzen, dabei jedoch etwaige unsichere Forderungen nur nach ihrem wahrscheinlichen Werthe aufzuführen, uneinziehbare aber ganz auszuscheiden und zurückzustellen.

Der nach diesen Grundsätzen berechnete Ueberschuß der Aktiven über die Passiven bildet den Reingewinn.

§ 37.

Die Prüfung der Jahresrechnung erfolgt durch den Aufsichtsrath, der sich die nöthigen Unterlagen dabei durch Einsicht der Bücher, Beläge, wie durch die nach § 35 von ihm vorzunehmende Inventur zu verschaffen hat.

Der Aufsichtsrath kann sich bei der Prüfung der Jahresrechnung der Beihilfe Sachverständiger bedienen, welche dafür eine von ihm festzusetzende Vergütung aus der Genossenschaftskasse erhalten.

Der Bericht des Aufsichtsraths über die Rechnungsprüfung ist der nächsten ordentlichen Generalversammlung zu erstatten, welche hierauf über die Entlastung des Vorstandes beschließt.

Erheben sich hierbei Bedenken gegen die Richtigkeit der Rechnung und die Prüfung des Aufsichtsraths, so kann die Generalversammlung, ohne daß der Antrag vorher auf die Tagesordnung gebracht war, eine besondere Kommission von drei Mitgliedern erwählen und diese mit der nochmaligen Prüfung der Rechnung beauftragen.

Dieser Kommission hat der Vorstand die Einsicht der Bücher und Schriften der Genossenschaft und die Untersuchung des Bestandes der Kasse, sowie der Bestände an Werth- und Handelspapieren und Waaren zu gestatten und jede verlangte Auskunft über die Angelegenheiten der Genossenschaft zu ertheilen.

§ 38.

Die Verwendung des Reingewinnes unterliegt der Beschlußfassung der Generalversammlung nach den folgenden Bestimmungen: Vom Reingewinn erhalten zunächst die Mitglieder eine Kapitaldividende von höchstens 4 Prozent auf ihr Geschäftsguthaben, sodann werden die durch Verträge oder Beschlüsse der Generalversammlung zugesicherten Tantièmen vom Reingewinn berichtigt und der hiernach verbleibende Ueberschuß wird, soweit er nicht dem Reservefonds zugewiesen oder nach den Beschlüssen der Generalversammlung zu Abschreibungen und sonstigen Zwecken verwendet wird, den Mitgliedern auf die Beträge, welche dieselben als Lagergelder und Verkaufsprozente in dem abgelaufenen Jahre bezahlt haben, zurückgewährt.

Die den Mitgliedern hiernach gewährten Dividenden werden dem Geschäftsguthaben zugeschrieben, so lange der Geschäftsantheil nicht erreicht ist, oder so lange ein durch Verlust vermindertes Guthaben nicht wieder ergänzt ist.

Bei der Berechnung der Dividende wird das Guthaben jedes Genossen nur insoweit berücksichtigt, als es volle Mark beträgt und nicht erst während des Rechnungsjahres, um dessen Gewinnüberschüsse es sich handelt, eingezahlt ist, so daß nur die bis zum Schlusse des vorhergegangenen Geschäftsjahres ermittelten Geschäftsguthaben in Betracht kommen.

Wenn der Erbe eines verstorbenen Genossen Mitglied wird und das auf jenen entfallende Geschäftsguthaben der Genossenschaft beläßt, nimmt diese Einzahlung bei der Berechnung des Gewinnantheils an der Dividende des betreffenden Jahres Theil.

§ 39.

So lange der Reservefonds noch nicht auf dem im § 32 festgesetzten Betrage angelangt ist, werden von dem Reingewinn vor dessen Vertheilung an die Mitglieder mindestens zehn Prozent abgezogen und dem genannten Fonds zugeschlagen, was ebenfalls geschehen muß, wenn derselbe durch Deckung von Geschäftsverlusten unter jenen Normalbetrag herabgesunken ist.

§ 40.

Die Deckung von Verlusten unterliegt der Beschlußfassung der Generalversammlung.

## L. Auflösung der Genossenschaft und Haftung der Mitglieder.

§ 41.

Die Auflösung der Genossenschaft erfolgt:

1. durch Beschluß der Generalversammlung;
2. durch Eröffnung des Konkurses über das Genossenschaftsvermögen;
3. durch Beschluß des Gerichts, wenn die Zahl der Genossen weniger als 7 beträgt;
4. durch Beschluß der in § 81 des Genossenschaftsgesetzes bestimmten Behörde und nach den daselbst gegebenen Vorschriften.

Die Liquidation erfolgt nach Maßgabe des Gesetzes.

Die Vertheilung des Vermögens erfolgt nach Maßgabe des Gesetzes mit der Abweichung, daß Ueberschüsse, welche sich über den Gesammtbetrag der Geschäftsguthaben ergeben, nach Verhältniß der Haftsummen unter die Mitglieder vertheilt werden.

§ 42.

Im Falle des Konkursverfahrens sind die von den Genossen zu leistenden Nachschüsse nach Verhältniß der Haftsummen festzusetzen.

## M. Die Bekanntmachungen der Genossenschaft und die dazu bestimmten Blätter.

§ 43.

Alle Bekanntmachungen und Erlasse in Angelegenheiten der Genossenschaft sowie die dieselbe verpflichtenden Schriftstücke ergehen unter deren Firma und werden mindestens von zwei Vorstandsmitgliedern unterzeichnet.

Die Einladungen zu den Generalversammlungen, insofern sie vom Aufsichtsrath ausgehen, erläßt der Vorsitzende des Aufsichtsraths mit der Zeichnung:

Der Aufsichtsrath d . . . . (Firma der Genossenschaft)

N. . . . ., Vorsitzender.

Zur Veröffentlichung ihrer Bekanntmachungen bedient sich die Genossenschaft des . . . . . Blattes.

Für den Fall, daß dieses Blatt eingehen, oder aus anderen Gründen die Veröffentlichung in diesem Blatte unmöglich werden sollte, tritt der „Deutsche Reichsanzeiger" so lange an die Stelle dieses Blattes, bis für die Veröffentlichung der Bekanntmachungen der Genossenschaft durch Beschluß der Generalversammlung ein anderes Blatt bestimmt ist.

---

## 2. Muster-Geschäftsanweisung für den Vorstand einer Magazingenossenschaft.

§ 1.

Die Mitglieder des Vorstandes sind dem Verein für die Erfüllung der in Nachstehendem ihnen auferlegten Verpflichtungen verantwortlich.

§ 2.

Dieselben haben sich nach Bedürfniß gegenseitig zu unterstützen und in Behinderungsfällen nach Vorschrift des § 29 dieser Geschäftsanweisung zu vertreten.

§ 3.

Die Sitzungen des Vorstandes finden wöchentlich . . . . . . . . . . . im . . . . . . . . . . Lokale statt, und darf kein Mitglied ohne dringende Veranlassung fehlen.

§ 4.

Außerordentliche Vorstandssitzungen kann der Vorsitzende berufen, sobald er es für nöthig hält; er ist hierzu verpflichtet, sobald ein Vorstandsmitglied unter Angabe der Gründe hierauf anträgt.

§ 5.

In den Vorstandssitzungen führt der Direktor den Vorsitz, bei dessen Behinderung der Kassirer.

§ 6.

In den Vorstandssitzungen ist von einem der Vorstandsmitglieder ein Protokoll zu führen, in das alle gefaßten Beschlüsse einzutragen sind. Die anwesenden Vorstandsmitglieder haben dasselbe zu unterzeichnen. Stimmt ein Vorstandsmitglied einem gefaßten Beschlusse nicht zu, so kann es verlangen, daß seine entgegenstehende Ansicht im Protokoll vermerkt wird.

§ 7.

Der Vorstand hat in seinen Sitzungen folgende Angelegenheiten zu erledigen:

1. die Zutheilung der Arbeiten an die einzelnen Vorstandsmitglieder nach Maßgabe der Bestimmungen in § 21 ff.;
2. die Neubeschaffung und Reparatur von Inventarien-Stücken bis zum Werthe von . . . Mk. für jeden einzelnen Gegenstand;

3. die Anstellung von niederen Bediensteten, Gehilfen und Arbeitern, mit denen kein schriftlicher Vertrag geschlossen wird;
4. die Entlassung der niederen Bediensteten, Gehilfen, Arbeiter;
5. die Bestimmung der Tage und Geschäftsstunden, während welcher die Verkaufsstelle geöffnet werden soll;
6. die Feuerversicherung der vorhandenen Waaren, des Inventars und der Gebäude;
7. die Versicherung alters-, unfall- und krankenversicherungspflichtiger Beamten und Arbeiter des Vereins;
8. die eingegangenen Beschwerden der Mitglieder. Den Beschwerdeführern ist schriftlich oder mündlich Bescheid zu erstatten; dem Aufsichtsrath ist nöthigenfalls von der Beschwerde und dem Bescheide Kenntniß zu geben.

§ 8.

Die in §§ 15 und 24 des Statuts aufgeführten Angelegenheiten hat der Vorstand zur Beschlußfassung und Entscheidung in den gemeinschaftlichen Sitzungen des Vorstandes und Aufsichtsrathes bezw. in der Generalversammlung vorzubereiten.

§ 9.

Zur Gültigkeit der Beschlüsse müssen mindestens zwei Vorstandsmitglieder übereinstimmen.

Alle vom Verein ausgehenden Schriftstücke sind von mindestens zwei Vorstandsmitgliedern zu unterschreiben.

## Waaren-Aufnahme.

§ 10.

Ueber die Aufnahme der Waaren entscheidet eine Aufnahme-Kommission, die aus zwei Mitgliedern des Vorstandes und zwei vom Aufsichtsrathe aus zwei seiner Mitte gewählten Mitgliedern besteht.

Die Aufnahme-Kommission entscheidet nach Stimmenmehrheit, bei Stimmengleichheit gilt der Antrag auf Aufnahme als abgelehnt.

Der Einlieferer kann auf Mehrheitsbeschluß zugezogen werden, in der Regel sollen die Mitglieder der Aufnahme-Kommission aber den Namen des Einlieferers vor ihrer Entscheidung nicht erfahren.

Die Aufnahme-Kommission bestimmt den Verkaufspreis des eingelieferten Artikels.

Bis zum Verkauf bleibt der Artikel Eigenthum des Mitgliedes und kann von demselben jederzeit zurückgezogen werden. Die Genossenschaft ist nicht berechtigt, den Artikel zu beleihen.

Werden Waaren bei der Genossenschaft bestellt, so entscheidet die Aufnahme-Kommission darüber, welchem Mitgliede die Ausführung zu übertragen ist.

Die Gruppirung der Artikel im Magazin ist Aufgabe des Magazin-Verwalters.

## Betrieb im Magazin.

§ 11.

Der Verkauf der Waaren liegt dem Magazinverwalter ob, nach den von der Aufnahme-Kommission festgesetzten Preisen. Er darf ohne Zustimmung des Eigenthümers keinen Kredit gewähren.

Der Magazinverwalter nimmt die Bestellung auf Waaren an.

In dem Magazin-Lagerbuch hat der Magazinverwalter den Bestand des Magazins und jeden Eingang mit noch einem zweiten Vorstandsmitgliede zu bescheinigen.

Ueber jeden Verkauf ist Buch zu führen, wie alle Einnahmen und Ausgaben im Magazin von dem Magazinverwalter in dem Magazin-Kassenbuch zu verbuchen sind.

Wöchentlich zwei Mal hat der Magazinverwalter an den Kassirer den Kassenbestand abzuführen, der Kassirer hat den Empfang in dem Quittungsbuch des Magazinverwalters zu bescheinigen.

## Beaufsichtigung der Verkaufsstellen.

### § 12.

Der Direktor insbesondere, sowie auch der Kassirer haben das Vereinslager recht häufig zu besuchen und darauf zu achten, daß überall Reinlichkeit und Ordnung herrschen.

## Buchführung.

### § 13.

Die Vorstandsmitglieder sind verpflichtet, folgende mit Seitenzahlen versehene Bücher zu führen oder durch Angestellte führen zu lassen und im letzteren Falle sich Ueberzeugung zu verschaffen, ob es ordnungsmäßig geschieht:

a) das Kassenbuch,
b) das Mitglieder-Geschäftsantheil-Kontobuch,
c) das Memorial,
d) das Hauptbuch,
e) das Magazin-Lagerbuch,
f) das Quittungsbuch des Kassirers,
g) das Magazin-Kassenbuch des Magazinverwalters,
h) das Inventurbuch,
i) das Bilanzbuch,
k) das Kopirbuch,
l) das Utensilienbuch

und sonstige nach Ansicht des Vorstandes nöthige Nebenbücher.

### § 14.

Alle Bücher und Schriftstücke sind auf die Dauer von 10 Jahren wohlgeordnet aufzubewahren. Die Hauptbücher, Bilanzbücher, gedruckte oder geschriebene Jahresberichte, welche über die Lage und Entwickelung des Vereins Auskunft zu geben vermögen, sollen niemals vernichtet werden. Die Statuten und Nachträge, Geschäftsanweisungen, Kontraktsformulare und sonstige von dem Vereine ausgehende Drucksachen sind des leichteren Nachschlagens wegen zu einem Aktenhefte zu vereinigen.

### § 15.

Die genossenschaftlichen Werke sind eingebunden so aufzubewahren, daß sie jederzeit zur Benutzung bereit sind.

## Inventuraufnahme und Rechnungs-Abschlüsse.

§ 16.

Dem Vorstand liegen die ordentlichen und außerordentlichen Inventuraufnahmen und die Fertigstellung der Rechnungsabschlüsse ob, er hat den Aufsichtsrath von der aufzunehmenden Inventur in Kenntniß zu setzen, damit dieser bei der Inventur mitwirken kann.

§ 17.

Ueber die Inventuraufnahme ist ein Protokoll aufzunehmen und von den Vorstandsmitgliedern, sowie den anwesenden Aufsichtsrathsmitgliedern zu unterschreiben.

§ 18.

Der Rechnungsabschluß ist vom Vorstand mit thunlichster Beschleunigung längstens in 6 Wochen nach aufgenommener Inventur fertig zu stellen. Es ist sorgfältig darauf zu achten, daß alle Waaren- und sonstigen Schulden, besonders noch zu zahlende Geschäftsunkosten in die Inventur aufgenommen werden.

Der Bestand des Waarenlagers nach dem festgesetzten Verkaufspreise ist besonders aufzuführen.

§ 19.

Nach Fertigstellung des Rechnungsabschlusses und Prüfung desselben durch alle drei Vorstandsmitglieder haben dieselben unter der Firma des Vereins ihre Unterschriften hinzuzufügen und den Rechnungsabschluß dann dem Aufsichtsrathe zur weiteren Veranlassung zu überreichen.

§ 20.

Alljährlich hat der Magazinverwalter einen möglichst eingehenden Bericht auszuarbeiten und drucken zu lassen, welcher mindestens 8 Tage vor der Generalversammlung den Mitgliedern zur Verfügung zu stellen ist. Derselbe muß enthalten:

a) Bericht über die Thätigkeit der Verwaltungsorgane;
b) Mittheilungen über alle wichtigen Vereinsvorkommnisse der vergangenen Geschäftsperiode, z. B. wichtige Vereinsbeschlüsse;
c) Mittheilungen genossenschaftlicher Art, z. B. über den Verbandstag und den Allgemeinen Genossenschaftstag;
d) den Ein- und Austritt, Bestand und Klassifikation der Mitglieder;
e) den Waarenumsatz;
f) Unkosten-Konto, und zwar persönliche und sachliche Unkosten getrennt;
g) den Vermögensbestand mit Angabe der Aktiva und Passiva;
h) das Gewinn- und Verlust-Konto.

Dieser Bericht ist mit den nöthigen Erläuterungen in gemeinverständlicher Form zu versehen und soll möglichst unter den Handwerkern verbreitet werden.

## Besondere Bestimmungen.

### I. Für den Direktor.

§ 21.

Der Direktor hat die gesammte Geschäftsführung des Vereins zu leiten und zu überwachen.

Derselbe hat die Verpflichtung, sich von allen die Vereinsgeschäfte betreffenden Angelegenheiten laufend unterrichtet zu halten, und ist zu dem Ende jederzeit berechtigt, von sämmtlichen in den Händen der anderen Vorstandsmitglieder befindlichen Listen, Büchern, Dokumenten und Akten des Vereins Einsicht zu nehmen und die Bestände der Kasse einer Revision zu unterziehen.

Der Direktor ist ferner verpflichtet, monatlich mindestens eine Revision der Kasse und der Geschäftsbücher vorzunehmen.

Diese Revision muß unvermuthet stattfinden und ist das Ergebniß in der nächsten gemeinschaftlichen Sitzung zu Protokoll zu geben.

§ 22.

Der Direktor hat die Korrespondenz des Vereins zu führen und die in Angelegenheiten desselben abzusendenden Briefe abzufassen. Dieselben sind von ihm und einem zweiten Vorstandsmitgliede zu unterschreiben und im Kopirbuche des Vereins zu kopiren.

§ 23.

Der Direktor hat ferner für alle diejenigen Angelegenheiten zu sorgen, welche nicht ausdrücklich dem Kassirer und dem Magazinverwalter übertragen sind, insbsondere:

a) folgende Bücher zu führen:

. . . . . . . . . . . .

. . . . . . . . . . . .

. . . . . . . . . . . .

b) für Versicherung der Waaren, des Inventars und der Gebäude gegen Feuer, und für die Instandhaltung des Inventars zu sorgen, vierteljährlich die Prüfung des vorhandenen Inventars nach dem Utensilienbuch vorzunehmen;
c) die eingehenden Briefe aufzubewahren und zu ordnen, nachdem sie in der Vorstandssitzung zur Vorlage gelangt sind;
d) die nothwendigen Anzeigen bei dem Gericht zu erstatten und die Mitgliederlisten zu führen;
e) in den Generalversammlungen den Geschäftsbericht zu erstatten;
f) die Zahlungsanweisungen für die Kasse auszustellen;
g) dem Aufsichtsrath die Beschlüsse des Vorstandes vorzulegen und ihn überhaupt von allen wichtigen geschäftlichen Ereignissen in Kenntniß zu setzen;
h) die in den Vorstandssitzungen zu fassenden Beschlüsse vorzubereiten.

II. Für den Kassirer.

§ 24.

Der Kassirer hat die Kasseneingänge in Empfang zu nehmen, insbesondere die Ladenkasse zwei Mal wöchentlich abzunehmen und die Ausgaben zu leisten.

Sämmtliche Einnahmen und Ausgaben sind sofort in das Kassenbuch einzutragen. Von denselben ist der Direktor durch Vorlegung der zu ertheilenden Quittungen und Vermerke, sowie der Quittungen der Empfänger behufs Erlangung der Ueberzeugung der Uebereinstimmung der Bücher mit den Belägen in Kenntniß zu setzen.

§ 25.

Ueber die Einnahmen hat der Kassirer in Gemeinschaft mit dem Direktor zu quittiren. Nur über die Ladenkasse ist er allein zur Quittungsleistung dem Magazinverwalter berechtigt. Ausgaben dürfen nur gegen Anweisung des Direktors gemacht werden.

Bei der Kassen-Abnahme hat der Kassirer die Eigenthümer der verkauften Waaren festzustellen. Sobald der Preis für dieselben eingegangen ist, hat dann der Kassirer das Mitglied von dem Verkauf zu benachrichtigen und gegen Anweisung des Direktors an dasselbe den Kaufpreis nach Vornahme der statutarischen Abzüge auszuzahlen.

Der Kassirer hat die Monats-Abschlüsse wie den Jahresabschluß und Geschäftsbericht anzufertigen.

§ 26.

Der Kassirer ist ferner verpflichtet:

a) folgende Bücher zu führen:

. . . . . . . . . . . .

. . . . . . . . . . . .

. . . . . . . . . . . .

b) in Gemeinschaft mit dem Direktor für die Aufbewahrung der Bücher, Werthpapiere u. s. w. zu sorgen;

c) die Seiten des Kassenbuches täglich aufzurechnen und nach Abzug der Ausgaben von den Einnahmen auf Uebereinstimmung mit dem baaren Gelde mindestens wöchentlich einmal zu prüfen, allmonatlich das Kassenbuch abzuschließen und den Bestand vorzutragen.

Von der Richtigkeit des Kassenabschlusses muß sich der Direktor überzeugen.

Ergeben sich bei dem Kassenabschlusse Differenzen zwischen dem „Soll" und „Ist", so sind dieselben von dem Kassirer sofort zu ersetzen.

Ueber die Verwendung etwaiger Ueberschüsse beschließt der Aufsichtsrath;

d) die Guthaben-Quittungsbücher der Vereinsmitglieder nach Genehmigung des Rechnungsabschlusses durch die Generalversammlung zu reguliren, die eingehenden Monatsbeiträge zusammenzurechnen, die Summe derselben vorzutragen und nebst der Dividende dem betreffenden Guthaben zuzuschreiben.

## III. Für den Magazinverwalter.

§ 27.

Der Magazinverwalter hat das Verkaufen und die Verwaltung des Magazins nach Maßgabe des § 11 zu besorgen.

Er hat für geschmackvolle Ausstattung des Magazins zu sorgen und in angemessener Form die Aufmerksamkeit des Publikums auf das Magazin zu lenken.

§ 28.

Der Magazinverwalter hat folgende Bücher zu führen:

das Magazin-Kassenbuch,

das Magazin-Lagerbuch.

Stellvertretung.

§ 29.

Bei kurz vorübergehenden Behinderungen eines der Vorstandsmitglieder wird der Magazinverwalter durch den Kassirer, ebenso der Kassirer durch den Magazinverwalter, der Direktor gleichfalls durch den Magazinverwalter vertreten, und übernimmt der jedesmalige Stellvertreter die Funktionen des von ihm Vertretenen für die Dauer von dessen Behinderung.

Allgemeine Bestimmungen.

§ 30.

Diese Geschäftsanweisung hat die Generalversammlung am . . . . . genehmigt, sie ist von den Vorstandsmitgliedern durch Unterschrift anzuerkennen.

Dieselbe ist jedem Vorstandsmitgliede in einem Exemplar auszufertigen.

---

## 3. Muster einer Geschäftsanweisung für den Aufsichtsrath einer Magazingenossenschaft.

§ 1.

Nach den Bestimmungen des Gesetzes und den Vorschriften des Statuts ist die Ueberwachung der Geschäftsführung der Genossenschaft in allen Theilen der Verwaltung das Recht und die Pflicht des Aufsichtsrathes.

Um dieser Pflicht zu genügen, muß der Aufsichtsrath sich fortwährend über die Verwaltung der Angelegenheiten der Genossenschaft unterrichten; zu diesem Zwecke hat derselbe Berichte von dem Vorstande zu fordern, von den Büchern und Schriften der Genossenschaft Einsicht zu nehmen, den Bestand der Kasse und die Bestände an Waaren, Werthpapieren und sonstigen Gegenständen zu untersuchen, die von dem Vorstande erstatteten Berichte, Geschäftsabschlüsse und insbesondere die Jahresrechnung nebst Bilanz und Gewinnberechnung sorgsam zu prüfen und darüber der Generalversammlung Bericht zu erstatten.

Der Aufsichtsrath hat eine Generalversammlung zu berufen, wenn dieses das Interesse der Genossenschaft fordert.

§ 2.

Bei der Waaren-Aufnahme und Vergebung von Bestellungen wirkt der Aufsichtsrath nach Maßgabe des § 10 der Geschäftsanweisung für den Vorstand mit.

§ 3.

Der Aufsichtsrath überträgt in jedem Jahre nach erfolgter Neuwahl einem seiner Mitglieder den Vorsitz, einem Anderen das Schriftführeramt, und ernennt für Beide Stellvertreter.

Die Beschlüsse des Aufsichtsraths werden durch einfache Stimmenmehrheit der in der Sitzung anwesenden Mitglieder gefaßt.

Bei Stimmengleichheit gilt der Antrag als abgelehnt, nur bei Wahlen entscheidet in diesem Falle das Loos.

Der Aufsichtsrath ist beschlußfähig, wenn die Mehrheit der Mitglieder anwesend ist.

§ 4.

Der Aufsichtsrath hält zur Erledigung der ihm obliegenden Geschäfte allmonatlich zu einer ein- für allemal bestimmten Zeit in dem Geschäftslokal der Genossenschaft eine Sitzung ab.

§ 5.

Zu außerordentlicher Sitzung hat der Vorsitzende des Aufsichtsraths einzuladen, so oft er dieses für erforderlich hält, oder wenn der Vorstand oder der dritte Theil der Aufsichtsrathsmitglieder unter schriftlicher Angabe der Berathungsgegenstände die Berufung einer außerordentlichen Sitzung verlangen.

Mit der Einladung zu einer außerordentlichen Sitzung sind die Gegenstände der Verhandlung mitzutheilen.

§ 6.

Den Sitzungen des Aufsichtsraths haben die Vorstandsmitglieder auf Erfordern beizuwohnen und alle Aufschlüsse zu ertheilen und die Einsicht aller Bücher, Korrespondenzen und sonstigen Schriftstücke des Vereins, welche verlangt wird, zu gewähren.

Die Vorstandsmitglieder können an den Verhandlungen sich betheiligen, dieselben haben aber kein Stimmrecht.

§ 7.

In die Protokolle sind die gefaßten Beschlüsse aufzunehmen.

Die Protokolle sind von den anwesenden Mitgliedern des Aufsichtsraths und des Vorstandes zu unterzeichnen.

§ 8.

Mitglieder des Aufsichtsraths, welche bei Gegenständen der Tagesordnung betheiligt sind, müssen während der Verhandlung und Abstimmung über diese Gegenstände das Sitzungslokal verlassen.

§ 9.

In jeder ordentlichen Aufsichtsrathssitzung hat der Vorstand einen die Einnahmen und Ausgaben des ganzen Monats umfassenden Rechnungsauszug nebst Geschäftsbilanz vorzulegen und über den Waaren-Einkauf und -Verkauf zu berichten.

§ 10.

Die Monatsabschlüsse, sowie die Jahresrechnung und Bilanz sind von dem Aufsichtsrath sorgfältig zu prüfen.

Der Aufsichtsrath hat zu diesem Zwecke regelmäßig am Schlusse jeden Monats eine Revision der Kasse und eine umfassende Revision des Geschäfts vorzunehmen und außerdem nach Bedürfniß außerordentliche und unvermuthete Revisionen eintreten zu lassen.

§ 11.

Der Aufsichtsrath hat das Magazin zu beaufsichtigen.

Ueber die Ausübung dieser Obliegenheiten ist in jeder ordentlichen Aufsichtsrathssitzung kurzer Bericht zu erstatten.

Zum Zwecke der Beaufsichtigung des Magazins wählt der Aufsichtsrath aus seiner Mitte auf die Dauer von 3 Monaten Kommissionen und zwar in der Art, daß nach und nach alle Mitglieder zur Beaufsichtigung herangezogen werden.

§ 12.

Bei jeder vorzunehmenden Revision hat der Aufsichtsrath zu untersuchen, ob die Mitglieder des Vorstandes die ihnen durch Statut und Geschftsanweisung besonders zugewiesenen Funktionen gewissenhaft erfüllen, und ob die Vorschriften des Genossenschaftsgesetzes und die Bestimmungen des Statuts überall befolgt werden; es ist insbesondere darüber zu wachen, daß das Verzeichniß der Genossen ordnungsmäßig geführt und mit der Liste der Genossen in Uebereinstimmung gehalten wird, daß über den Ein- und Austritt von Mitgliedern die vorgeschriebenen Anzeigen, sowie alle sonstigen durch das Genossenschaftsgesetz erforderten Anmeldungen, Anzeigen und Erklärungen zum Genossenschaftsregister rechtzeitig und ordnungsmäßig gemacht, und daß die durch Statut und Geschäftsanweisung gegebenen Vorschriften über die Aufbewahrung und den Verschluß der Werthbestände eingehalten werden.

§ 13.

Bei jeder Kassenrevision hat der Aufsichtsrath die Kasse zu stürzen und festzustellen, ob der Kassenbestand mit dem Abschlusse des Kassenbuches übereinstimmt.

Die Kassenbeläge müssen in Bezug auf ordnungsmäßige Anweisung und Quittung geprüft werden, sowie darauf, ob sich die Ausgaben innerhalb der dem Vorstande durch die Statuten, durch Geschäftsanweisung, durch Beschlüsse der Generalversammlung oder des Aufsichtsrathes gezogenen Grenzen halten.

§ 14.

Bei dem Geschäftsantheil-Konto der Mitglieder ist zu untersuchen, ob die von den Mitgliedern gemachten Einzahlungen richtig übertragen sind,

ob die Gesammtsumme aller einzelnen Mitgliederguthaben mit dem Saldo des Geschäftsantheil-Kontos im Hauptbuche übereinstimmt,

ob die Einzahlungen der Mitglieder auf Geschäftsantheil regelmäßig erfolgen.

Von Zeit zu Zeit ist eine Anzahl von Mitgliederbüchern zum Zweck der Vergleichung mit dem Hauptbuche einzuziehen.

§ 15.

Bei der Kontrole der Waarenbestände ist festzustellen, ob sämmtliche laut Magazin-Lagerbuch in das Magazin eingelieferten Waaren vorhanden oder nach dem Magazin-Kassenbuch verkauft sind.

§ 16.

Bei dem Hauptbuche hat der Aufsichtsrath außer auf die rein rechnerische Thätigkeit durch Addition und die Richtigkeit der Ueberträge sein Hauptaugenmerk darauf zu richten, daß jeder Posten stets im richtigen Verhältnisse zu dem Kontoinhaber gebucht ist, der ihn zu zahlen oder zu erhalten hatte — daß er richtig ins Soll oder Haben gebucht ist. Die auf den Konten des Hauptbuches sich ergebenden Abschlußsummen (Saldi) bilden die Grundlage der Bilanz und sind daher mit dem zum Zwecke der Aufstellung derselben gemachten Auszuge zu vergleichen.

Die Bilanz muß in den einzelnen Posten auf ihre Uebereinstimmung mit dem Hauptbuche, sowie auf die Bestimmungen des Handelsgesetzbuches und des Statut geprüft werden.

§ 17.

Für die ordentlichen und außerordentlichen Revisionen ernennt der Aufsichtsrath Revisionskommissionen von 2 oder 3 Mitgliedern in der Weise, daß möglichst alle Mitglieder des Aufsichtsrathes im Laufe des Jahres zu den Revisionen herangezogen werden.

§ 18.

Die Revisionskommission fungirt als Organ des Aufsichtsraths und ist verantwortlich für die sorgfältige Ausführung der Revision.

Der Aufsichtsrath ist befugt, einen Rechnungsverständigen, welcher nicht Mitglied des Vereins zu sein braucht, zur Besorgung der kalkulatorischen Revisionsarbeiten bei Revision der Jahresrechnung, sowie bei den sonstigen im Laufe des Jahres erfolgenden Revisionen hinzuzuziehen und dessen Honorar festzusetzen.

§ 19.

Ueber alle vorgenommenen Revisionen sind Protokolle aufzunehmen, aus welchen der Umfang der vorgenommenen Revisionshandlungen, die dabei betheiligten Personen und die Arbeiten, welche dieselben im Einzelnen ausgeführt haben, sowie das Ergebniß der Revision genau ersichtlich sind.

Das Protokoll ist der nächsten Aufsichtsrathssitzung vorzulegen und, sobald es Monita enthält, dem Vorstande zur baldigen Erledigung derselben zu überweisen. Bleiben einzelne Monita unerledigt, so hat der Aufsichtsrath der Generalversammlung darüber Bericht zu erstatten.

§ 20.

Am Schlusse des Geschäftsjahres hat der Aufsichtsrath mit dem Vorstande behufs Aufstellung der Jahresrechnung und Bilanz eine vollständige Inventur vorzunehmen.

Zu diesem Zwecke sind am letzten Tage des Geschäftsjahres

a) das Kassenbuch abzuschließen und der Sollbestand der Kasse festzustellen, sodann der wirkliche Kassenbestand nach den vorhandenen Geldsorten, Kassenscheinen, Banknoten und Koupons aufzunehmen;
b) die vorhandenen Bestände an Waaren, Wechseln, Schuldscheinen, Werthpapieren festzustellen, zu verzeichnen und mit den geführten Büchern zu vergleichen.

Soweit diese Arbeit an demselben Tage nicht zu beenden ist, ist dieselbe an dem nächstfolgenden Tage fortzusetzen, bis dahin aber Alles unter sicheren Verschluß zu nehmen, damit jede Möglichkeit zu Verfügungen, durch welche ein Defekt verdeckt werden könnte, ausgeschlossen ist.

Die Wechsel, sowie alle übrigen vorhandenen Schulddokumente und Werthpapiere sind nach ihrem rechnungsmäßigen und wirklichen Werthe zu untersuchen und einzeln zu verzeichnen.

Alle Werthpapiere sind hierbei höchstens nach dem Börsenkurse am Tage des Abschlusses aufzunehmen.

## § 21.

Außer der am Schlusse des Geschäftsjahres vorzunehmenden ordentlichen Inventur hat der Aufsichtsrath noch mindestens eine außerordentliche, unangesagte Inventur zu veranlassen.

Die Inventuren in den Verkaufslokalen sind von der mit der Aufsicht des betreffenden Verkaufslokals betrauten Kommission auszuführen unter Zuziehung von noch mindestens einem zu diesem Zwecke vom Aufsichtsrathe gewählten Mitgliede.

Vor Beginn der Inventur hat der Magazinverwalter zu Protokoll zu erklären, ob alle dem Verein zugehörigen Gelder richtig vereinnahmt seien, verneinenden Falls, welche Beträge, und aus welcher Veranlassung, noch ausstehen.

Demnächst erfolgt die Abnahme des baaren Kassenbestandes, welche zu Protokoll vermerkt wird.

Bei Feststellung der Waarenvorräthe haben die Aufsichtsrathsmitglieder namentlich darauf zu achten, daß

1. sämmtliche vorhandene Waaren genau aufgenommen, und dieselbe Waare nicht zweimal aufgenommen wird,
2. die doppelt geführten Inventurlisten in ihren Angaben mit einander übereinstimmen, etwaige Differenzen vor Abschluß des Protokolls ermittelt und ausgeglichen werden,
3. etwaige Einwendungen des Magazinverwalters gegen die in die Inventurliste eingetragenen Quantitäten einzelner Waaren sofort durch wiederholte Feststellung derselben erledigt werden.

Die Inventurprotokolle sind von sämmtlichen Mitwirkenden einschließlich des Magazinverwalters zu unterzeichnen.

Für die Inventur ist die beiliegende Anleitung zur Aufnahme der Waarenbestände maßgebend.

## § 22.

Nach der Bestimmung in § 63 des Genossenschaftsgesetzes ist der Aufsichtsrath zu den Revisionen des Revisors zuzuziehen.

In jedem Falle einer ordentlichen Revision hat deshalb der Aufsichtsrath darüber zu beschließen, wie viele und welche Mitglieder des Aufsichtsrath bei der Revision mitzuwirken haben.

Der Vorsitzende des Aufsichtsraths oder dessen Stellvertreter müssen bei der Revision durch den Revisor stets anwesend und betheiligt sein.

§ 23.

Die gemeinschaftlichen Sitzungen des Vorstandes und Aufsichtsraths finden in der Regel unmittelbar nach den ordentlichen Sitzungen des Aufsichtsraths statt; der Vorsitzende des Aufsichtsraths aber kann außerdem gemeinschaftliche Sitzungen von Vorstand und Aufsichtsrath berufen, wenn er dieses für erforderlich hält, und er muß solche berufen, wenn der Vorstand oder drei Mitglieder des Aufsichtsraths unter schriftlicher Angabe der Berathungsgegenstände dieses verlangen.

In den gemeinschaftlichen Sitzungen von Vorstand und Aufsichtsrath führt der Vorsitzende des Aufsichtsraths oder dessen Stellvertreter den Vorsitz. Der Vorsitzende ernennt den Schriftführer.

In den gemeinschaftlichen Sitzungen des Vorstandes und des Aufsichtsrathes haben die Mitglieder des Vorstandes und die Mitglieder des Aufsichtsrathes Stimmrecht. Die gemeinschaftliche Sitzung von Vorstand und Aufsichtsrath ist beschlußfähig, wenn die Mehrheit der Mitglieder des Vorstandes und die Mehrheit der Mitglieder des Aufsichtsrathes anwesend sind.

Zu einem giltigen Beschlusse wird die Mehrheit der anwesenden Mitglieder des Vorstandes und die Mehrheit der anwesenden Mitglieder des Aufsichtsraths erfordert.

In die Protokolle sind die gefaßten Beschlüsse aufzunehmen, und die Protokolle sind von den anwesenden Mitgliedern des Vorstandes und des Aufsichtsraths zu unterzeichnen.

§ 24.

Die Verträge mit den Mitgliedern des Vorstandes hat der Vorsitzende des Aufsichtsraths nach den Beschlüssen des Aufsichtsrathes und in dessen Namen abzuschließen.

§ 25.

Diese Geschäftsanweisung hat die Generalversammlung am . . . . . genehmigt, sie ist von den Aufsichtsrathsmitgliedern durch Unterschrift anzuerkennen.

Dieselbe ist jedem Aufsichtsrathsmitgliede in einem Exemplare auszufertigen.

# IX.

## 1. Muster-Statut einer Werkgenossenschaft.

**Statut der Werkgenossenschaft für . . . . . . . . . zu . . . . . ,**
eingetragene Genossenschaft mit beschränkter Haftpflicht.

### A. Firma, Sitz und Gegenstand des Unternehmens.

§ 1.

Die Genossenschaft führt die Firma . . . . . . . . . . . . . . . . . . ., eingetragene Genossenschaft mit beschränkter Haftpflicht, und hat ihren Sitz zu . . . . . . .

Gegenstand des Unternehmens ist die Errichtung einer Betriebsstätte für . . . . . . .

### B. Betriebskapital.

§ 2.

Das Betriebskapital besteht:

1. aus dem Genossenschaftsvermögen, welches gebildet wird durch Eintrittsgelder, Einzahlungen auf die Geschäftsantheile und Zuschreibungen vom Jahresgewinn zu den Geschäftsguthaben und zu dem Reservefonds;
2. aus fremden Geldern, welche nach dem Umfange der Geschäfte aufgenommen werden.

### C. Ordnung und Leitung der Genossenschaftsangelegenheiten. Organe der Genossenschaft.

§ 3.

Die Genossenschaft ordnet ihre Angelegenheiten unter Theilnahme aller ihrer Mitglieder. Ihre Organe sind:

1. der Vorstand,
2. der Aufsichtsrath,
3. die Generalversammlung.

#### I. Der Vorstand.

a) Zusammensetzung und Wahl.

§ 4.

Der Vorstand besteht aus

1. dem ersten Geschäftsführer,
2. dem zweiten Geschäftsführer,
3. dem Kassirer

und wird in der Generalversammlung auf Vorschlag des Aufsichtsraths in getrennten Wahlakten mittelst Stimmzettel gewählt*).

Die Vorstandsmitglieder werden auf nicht längere Zeit als 3 Jahre gewählt und ist bei Neuwahlen die Wahlperiode der einzelnen Vorstandsmitglieder so zu bestimmen, daß dieselben sich abwechselnd einer Neuwahl zu unterziehen haben und ein gleichzeitiges Ausscheiden mehrerer Mitglieder vermieden wird.

Erhält der Vorgeschlagene die Mehrheit nicht, so muß der Aufsichtsrath in derselben oder in einer anderen Versammlung weitere Vorschläge machen. Der Aufsichtsrath kann den von der Generalversammlung abgelehnten Vorschlag wiederholen.

Die Wiederwahl derselben Personen nach Ablauf der Wahlperiode ist zulässig.

b) Befugnisse und Geschäftsführung des Vorstandes.

§ 5.

Der Vorstand vertritt die Genossenschaft gerichtlich und außergerichtlich nach den ihm in dem Genossenschaftsgesetz ertheilten Befugnissen und zeichnet für dieselbe.

Die Zeichnung geschieht in der Weise, daß die Zeichnenden zu der Firma der Genossenschaft ihre Namensunterschrift hinzufügen. Zwei Vorstandsmitglieder können rechtsverbindlich für die Genossenschaft zeichnen und Erklärungen abgeben.

Der Vorstand führt die Geschäfte der Genossenschaft selbständig, soweit er nicht durch das gegenwärtige Statut oder Generalversammlungsbeschlüsse oder besondere Geschäftsanweisungen darin beschränkt und an die Genehmigung des Aufsichtsraths oder der Generalversammlung gewiesen ist.

Ueber alle in Genossenschaftsangelegenheiten zu treffenden Maßnahmen beschließt der Vorstand nach Stimmenmehrheit unter Leitung des ersten Geschäftsführers in Sitzungen, die theils regelmäßig stattfinden, theils von Letzterem unter Bezeichnung der Gegenstände der Verhandlung berufen werden, so daß mindestens zwei Vorstandsmitglieder über jede Maßregel einig sein müssen, welche in Vereinsangelegenheiten vorgenommen werden soll. Mitglieder des Vorstandes, welche bei einem zu berathenden Gegenstande betheiligt sind, dürfen während der Berathung und Beschlußfassung über diesen Gegenstand der Sitzung nicht beiwohnen.

Die Beschlüsse sind protokollarisch in ein dazu bestimmtes Buch einzutragen und von den Betheiligten zu unterschreiben.

Der Vorstand hat in seinen Sitzungen insbesondere zu beschließen über die Benutzung der Maschinen, die Bestimmung des Preises für dieselbe, die Anschaffung von Werkzeugen und Maschinen, die an die Arbeiter zu zahlenden Löhne.

§ 6.

Die Vorstandsmitglieder müssen auf Erfordern den Sitzungen des Aufsichtsrathes beiwohnen und alle Aufschlüsse ertheilen, welche der Aufsichtsrath verlangt. Bei der Beschlußfassung haben die Mitglieder des Vorstandes nicht mitzuwirken. Nur in den nach § 14 dieses Statuts

*) Es ist also stets absolute Mehrheit nothwendig.

angeordneten gemeinschaftlichen Sitzungen von Vorstand und Aufsichtsrath haben die Mitglieder des Vorstandes und die Mitglieder des Aufsichtsraths Stimmrecht.

Der Vorstand hat in jeder ordentlichen Sitzung des Aufsichtsraths über den Gang des Geschäfts zu berichten.

Am Schlusse jeden Vierteljahres hat der Vorstand einen Geschäftsbericht mit Bilanz dem Aufsichtsrathe einzureichen, am Jahresschlusse hat derselbe die Jahresrechnung aufzustellen und dem Aufsichtsrathe zeitig zu übergeben und in der Generalversammlung über die Verwaltung des abgelaufenen Jahres Bericht zu erstatten.

§ 7.

Die Art der Ausführung der Obliegenheiten des Vorstandes wird durch eine vom Vorstand und Aufsichtsrath zu entwerfende und von der Generalversammlung zu genehmigende Geschäftsanweisung geregelt.

Die Geschäftsanweisung ist von den Mitgliedern des Vorstandes zu unterzeichnen.

§ 8.

Für den Fall der dauernden Verhinderung, des Ausscheidens oder des Todes eines der Vorstandsmitglieder vor Ablauf der Wahlperiode hat der Aufsichtsrath wegen der nöthigen Stellvertretung sofort Fürsorge zu treffen und in den letzteren beiden Fällen die Nachwahl zu veranlassen.

c) Besoldung und Kaution der Vorstandsmitglieder.

§ 9.

Die Vorstandsmitglieder erhalten aus der Genossenschaftskasse eine Besoldung, welche in den Anstellungsverträgen vereinbart wird und der Genehmigung der Generalversammlung unterliegt.

Der erste Geschäftsführer und der Kassirer haben der Genossenschaft Kaution zu stellen, welche in dem Anstellungsvertrage mit Genehmigung der Generalversammlung festgestellt wird.

## II. Der Aufsichtsrath.

a) Zusammensetzung und Wahl.

§ 10.

Der Aufsichtsrath besteht aus 9 Mitgliedern, welche in der Generalversammlung nach absoluter Stimmenmehrheit der in der Generalversammlung anwesenden Genossen in einem Wahlgange auf 3 Jahre gewählt werden.

Wenn hierbei mehr Personen, als zu wählen sind, die absolute Mehrheit erhalten, so sind diejenigen gewählt, welche die meisten Stimmen erhalten haben. Wird dagegen die absolute Mehrheit beim ersten Wahlgange nicht erreicht, so kommt von denen, welche die meisten Stimmen erhalten haben, die doppelte Zahl der noch zu Wählenden auf die engere Wahl und wird mit der engeren Wahl in derselben Art so lange fortgefahren, bis für alle zu Wählenden eine absolute Stimmenmehrheit erzielt ist. Bei Stimmengleichheit entscheidet das Loos.

Von den Mitgliedern des Aufsichtsraths scheidet alljährlich und zwar zunächst im Jahr . . . . ein Drittel aus und wird durch Neuwahl in der ordentlichen Generalversammlung ersetzt. In den ersten beiden Jahren entscheidet über die Reihenfolge des Ausscheidens das Loos, später die Zeit des Eintritts der Einzelnen. Die ausscheidenden Aufsichtsrathsmitglieder sind wieder wählbar.

Im Falle des durch Tod oder durch andere Gründe herbeigeführten Ausscheidens eines Aufsichtsrathsmitgliedes vor Ablauf seiner Wahlperiode hat die nächste Generalversammlung eine Neuwahl für den Rest der Wahlperiode vorzunehmen.

b) Geschäftsführung.

§ 11.

Der Aufsichtsrath überträgt einem seiner Mitglieder den Vorsitz, einem Anderen das Schriftführeramt und ernennt zugleich für Beide, in Fällen der Abhaltung, Stellvertreter. Er faßt seine Beschlüsse nach Stimmenmehrheit der in seinen Sitzungen Erschienenen. Bei Stimmengleichheit gilt der Antrag als abgelehnt. Bei Wahlen entscheidet in diesem Falle das Loos. Der Aufsichtsrath ist beschlußfähig, wenn die Mehrheit seiner Mitglieder anwesend ist.

Zur Erledigung seiner Geschäfte hält der Aufsichtsrath in der Regel monatlich zu einer bestimmten Zeit im Geschäftslokal des Vereins eine ordentliche Sitzung ab.

Außerordentliche Sitzungen hat der Vorsitzende des Aufsichtsraths zu berufen, wenn er dieses für erforderlich hält, oder wenn der Vorstand oder der dritte Theil der Mitglieder des Aufsichtsraths solches unter schriftlicher Angabe der Berathungsgegenstände verlangen.

Mit der Einladung zu einer außerordentlichen Aufsichtsrathssitzung sind die Gegenstände der Verhandlung den Mitgliedern des Aufsichtsraths bekannt zu machen.

Die Protokolle müssen die gefaßten Beschlüsse enthalten und werden von den anwesenden Mitgliedern des Aufsichtsraths, sowie von den anwesenden Vorstandsmitgliedern unterzeichnet.

Aufsichtsrathsmitglieder, welche bei den zu berathenden Gegenständen betheiligt sind, dürfen den Verhandlungen und der Beschlußfassung über diese Gegenstände nicht beiwohnen.

c) Obliegenheiten und Befugnisse des Aufsichtsraths

§ 12.

Der Aufsichtsrath hat die Geschäftsführung in allen Zweigen der Verwaltung nach Maßgabe des Gesetzes zu überwachen und muß sich über den Gang der Verwaltung stets unterrichtet halten.

Der Aufsichtsrath kann zu jeder Zeit von dem Vorstande über alle Angelegenheiten der Genossenschaft Bericht und Aufklärung verlangen, von den Büchern, Schriften und Urkunden Einsicht nehmen und den Bestand der Kasse, sowie die Bestände an Maschinen, Werkzeugen, an Werth- und Handelspapieren untersuchen. Er kann die Vorstandsmitglieder vorläufig, bis zur Entscheidung der demnächst zu berufenden

Generalversammlung, von der Leitung der Geschäfte entfernen, und hat alsdann wegen deren einstweiligen Fortführung durch Ernennung von Stellvertretern, sowie wegen Uebernahme der Kassenbestände, Dokumente, Bücher, Papiere und Waarenvorräthe der Genossenschaft die nöthigen Anordnungen zu treffen.

Der Aufsichtsrath hat die Jahresrechnung, die Bilanz und die Vorschläge zur Vertheilung von Gewinn und Verlust zu prüfen und darüber der Generalversammlung vor Genehmigung der Bilanz Bericht zu erstatten.

Der Aufsichtsrath hat bei den Revisionen durch den Verbandsrevisor*) mitzuwirken und in der nächsten Generalversammlung über das Ergebniß der Revision zu berichten.

§ 13.

Das vom Aufsichtsrath bei seiner Geschäftsthätigkeit einzuhaltende Verfahren wird in einer, von Vorstand und Aufsichtsrath aufzustellenden, von der Generalversammlung zu genehmigenden Geschäftsanweisung bestimmt.

Die Geschäftsanweisung muß von den Mitgliedern des Aufsichtsraths unterschrieben werden.

Die Mitglieder des Aufsichtsraths haben die Sorgfalt eines ordentlichen Geschäftsmannes anzuwenden. Mitglieder, welche ihre Obliegenheiten verletzen, haften der Genossenschaft persönlich und solidarisch für den dadurch entstandenen Schaden.

§ 14.

Ueber folgende Angelegenheiten haben Vorstand und Aufsichtsrath in gemeinsamer Sitzung zu beschließen:

1. über außerordentliche Ausgaben im Betrage von . . . bis . . . Mk.;
2. über Anschaffung und Veräußerung von Inventarstücken, Werkzeugen und Maschinen, deren Preis mehr als . . . Mark beträgt;
3. über Festsetzung der Miethe für die Benutzung der Maschinen;
4. über Bestimmung der zu zahlenden Arbeitslöhne;
5. über die Feststellung der Grundsätze für Aufnahme von Anlehen innerhalb der von der Generalversammlung gezogenen Grenzen;
6. über Abschluß von Miethe-, Pacht- und anderen Verträgen, welche wiederkehrende Verpflichtungen für die Genossenschaft begründen;
7. über Feststellung der Grundsätze für Unterbringung zeitweilig müßiger Kassenbestände;
8. über Anlegung des Reservefonds.
9. über die Aufnahme neuer Mitglieder und über die Ausschließung von Mitgliedern;
10. über das Ausscheiden eines Mitgliedes nach Maßgabe des § 76 des Genossenschafts-Gesetzes durch Uebertragung des Geschäftsguthabens;
11. über Anstellung und Entlassung von Beamten im Dienste der Genossenschaft, über die Festsetzung der Besoldung, sowie über die Verfolgung von Rechtsansprüchen gegen solche Beamte;

*) Oder gerichtlich bestellten Revisor, wenn die Genossenschaft einem Revisionsverbande nicht angehört.

12. über die Aufstellung von Geschäftsanweisungen und die Einrichtung der Buchführung;
13. über den Anschluß an Genossenschaftsverbände, und Austritt aus denselben; über die Beschickung der Genossenschaftstage und der Unterverbandstage; über die Wahl der Abgeordneten und die Festsetzung ihrer Reiseentschädigung.

In den gemeinschaftlichen Sitzungen des Vorstandes und des Aufsichtsraths haben die Mitglieder des Vorstandes und die Mitglieder des Aufsichtsraths Stimmrecht.

Die gemeinschaftliche Sitzung von Vorstand und Aufsichtsrath ist beschlußfähig, wenn die Mehrheit der Mitglieder des Vorstandes und die Mehrheit der Mitglieder des Aufsichtsraths anwesend sind.

Die Beschlüsse werden nach Stimmenmehrheit sowohl der anwesenden Mitglieder des Vorstandes wie der anwesenden Mitglieder des Aufsichtsraths gefaßt.

Den Vorsitz in den gemeinschaftlichen Sitzungen führt stets der Vorsitzende des Aufsichtsraths oder dessen Stellvertreter.

## III. Die Generalversammlung.

### a) Theilnahmerecht.

### § 15.

Die Rechte, welche den Mitgliedern der Genossenschaft in den Angelegenheiten derselben zustehen, werden von ihnen in der Generalversammlung ausgeübt.

Jedes derselben hat bei den zu fassenden Beschlüssen eine Stimme.

Nur Korporationen, Handelsgesellschaften und andere Personenvereine, welche Mitglieder sind, und mehrere Erben eines verstorbenen Mitgliedes können sich durch einen mit schriftlicher Vollmacht versehenen Bevollmächtigten vertreten lassen; der Bevollmächtigte kann in diesen Fällen nicht mehr als einen Genossen vertreten.

### b) Berufung und Einladung.

### § 16.

Die Berufung der Generalversammlung geht in der Regel vom Aufsichtsrathe aus; doch kann, wenn der Aufsichtsrath dieselbe verzögert, auch der Vorstand dazu schreiten.

Die Einladung zur Generalversammlung erfolgt durch einmalige Einrückung in dem in § 42 bestimmten Blatte. Dieselbe wird, wenn sie vom Aufsichtsrathe ausgeht, von dessen Vorsitzenden in der in § 42 vorgeschriebenen Weise, anderenfalls vom Vorstande in gewöhnlicher Art unterzeichnet. Die betreffende Nummer des Blattes muß mindestens 10 Tage vor der Versammlung ausgegeben werden.

Mit der Einladung zur Generalversammlung sollen die Anträge und sonstigen Gegenstände der Tagesordnung kurz bekannt gemacht werden.

Ueber Anträge und Gegenstände, welche nicht drei Tage vor der Generalversammlung in dem für die Veröffentlichungen der Bekanntmachung der Generalversammlung bestimmten Blatte angekündigt sind, können Beschlüsse nicht gefaßt werden.

Beschlüsse über die Leitung der Generalversammlung, sowie über Anträge auf Berufung einer außerordentlichen Generalversammlung sind hiervon ausgenommen.

Anträge für die Tagesordnung der Generalversammlung, welche nach der Bekanntmachung der Einladung zur Generalversammlung rechtzeitig und nach der Vorschrift des § 19 dieses Statuts eingebracht werden, sind durch einmalige Einrückung in das in § 42 bestimmte Blatt bekannt zu machen.

c) Ordentliche Generalversammlungen.

§ 17.

Die Generalversammlungen finden regelmäßig statt:

1. nach dem Schlusse des Geschäftsjahres behufs Mittheilung der Jahresrechnung, Beschlußfassung über die Gewinnvertheilung und die dem Vorstande zu ertheilende Entlastung, sowie Erledigung etwaiger Beanstandungen der Rechnung;
2. mindestens 4 Wochen vor Schluß des Geschäftsjahres zur Vornahme der Wahlen für die ausscheidenden Vorstands- und Aufsichtsrathsmitglieder.

Die Bilanz, sowie eine den Gewinn und Verlust des Jahres zusammenstellende Berechnung (Jahresrechnung) müssen mindestens eine Woche vor der Generalversammlung, welche über die Genehmigung der Bilanz und die Gewinnvertheilung zu beschließen hat, in dem Geschäftslokale der Genossenschaft zur Einsicht der Genossen ausgelegt werden.

Jedem Genossen muß auf sein Verlangen und auf seine Kosten eine Abschrift (Abdruck) der Bilanz, sowie der Jahresrechnung zugestellt werden.

d) Außerordentliche Generalversammlungen.

§ 18.

Außerordentliche Generalversammlungen können jederzeit nach Bedürfniß berufen werden. Der Aufsichtsrath ist dazu verpflichtet, wenn der Vorstand oder wenigstens der zehnte Theil der Genossenschaftsmitglieder in einer von ihnen zu unterzeichnenden Eingabe unter Anführung des Zweckes und der Gründe darauf antragen.

Wird dem Verlangen der Mitglieder weder vom Aufsichtsrath noch vom Vorstand entsprochen, so können sich die Genossen an das Gericht wenden, welches die Genossen zur Berufung der Generalversammlung ermächtigen kann. Die Berufung erfolgt in dem in § 42 bezeichneten Blatte und wird von den Mitgliedern unterzeichnet; mit der Berufung ist die gerichtliche Ermächtigung bekannt zu machen.

e) Tagesordnung.

§ 19.

Die Tagesordnung wird vom Aufsichtsrath festgesetzt, sofern derselbe die Versammlung beruft, anderenfalls vom Vorstande oder den Genossen, welche die Versammlung berufen haben. In die Tagesordnung müssen alle Anträge aufgenommen werden, welche von dem Aufsichtsrathe oder von dem Vorstande oder dem zehnten Theil der Genossen so zeitig gestellt worden sind, daß sie drei Tage vor der Generalversammlung bekannt gemacht werden können.

Wird dem Verlangen der Genossen auf Ankündigung ihrer Anträge nicht stattgegeben, so können sie sich an das Gericht wenden und dieses kann sie zur Ankündigung ihrer Anträge ermächtigen. Die Mitglieder haben die Anträge durch das in § 42 bezeichnete Blatt mindestens drei Tage vor der Generalversammlung anzukündigen und mit der Ankündigung der Anträge die gerichtliche Ermächtigung bekannt zu machen.

f) Leitung.

§ 20.

Die Leitung der Generalversammlung gebührt dem Vorsitzenden des Aufsichtsraths oder einem Mitgliede des Vorstandes, je nachdem die Berufung von dem Vorstande oder von dem Aufsichtsrathe ausgeht. Wird die Generalversammlung von den Mitgliedern berufen, so wählen diese den Vorsitzenden. Durch Beschluß der Generalversammlung kann jedoch die Leitung jederzeit einem anderen Genossen übertragen werden.

Der Vorsitzende ernennt den Schriftführer.

g) Abstimmung.

§ 21.

Die Abstimmung erfolgt mittelst Aufhebens der Hände. Der Vorsitzende kann, sobald ihm das Resultat zweifelhaft erscheint, die Zählung durch zwei von ihm aus den Genossen ernannte Stimmzähler vornehmen lassen, er ist hierzu verpflichtet, sobald 10 Genossen in der Versammlung darauf antragen. Nur bei Ausschließung eines Genossen und bei Wahlen erfolgt die Abstimmung stets durch Stimmzettel.

h) Beschlüsse.

§ 22.

Die von der Mehrheit der in einer Generalversammlung erschienenen Genossen gefaßten Beschlüsse haben für die Genossenschaft bindende Kraft, wenn die Einladung zur Generalversammlung und Mittheilung der Tagesordnung nach den Bestimmungen dieses Statuts ordnugnsmäßig erlassen ist.

Ueber folgende Angelegenheiten:

1. über Abänderung und Ergänzung des Statuts,
2. über die Abänderung des Gegenstandes des Unternehmens,
3. über die Erhöhung des Geschäftsantheils,
4. über die Erhöhung der Haftsumme,
5. über den Widerruf der Bestellung zum Mitgliede des Aufsichtsraths,
6. über die Auflösung der Genossenschaft,

kann nur von einer Mehrheit von drei Viertheilen der in der Generalversammlung erschienenen Genossen giltig beschlossen werden.

Zur Giltigkeit der Beschlußfassung:

1. über die Abänderung des Gegenstandes des Unternehmens, und
2. über die Auflösung der Genossenschaft

wird weiter erfordert, daß mindestens ein Dritttheil aller Genossen in der Generalversammlung anwesend ist.

Ist das erforderliche Dritttheil der Genossen in der Generalversammlung nicht anwesend, so wird eine zweite Generalversammlung mit einem Zwischenraum von mindestens acht Tagen und höchstens vier Wochen zur Erledigung derselben Tagesordnung anberaumt, welche ohne Rücksicht auf die Zahl der anwesenden Genossen giltig beschließen kann.

Die über die Verhandlungen der Generalversammlung aufgenommenen Protokolle, welche den Vorgang in seinen wesentlichen Punkten, namentlich die gefaßten Beschlüsse und Wahlen, bei letzteren auch die Zahl und das Verhältniß der abgegebenen Stimmen, enthalten sollen, werden unter dem Datum der Generalversammlung in ein besonderes „Protokollbuch" eingetragen, vom Vorsitzenden, den anwesenden Vorstands- und Aufsichtsrathsmitgliedern, dem Schriftführer und von mindestens drei anderen Genossen unterzeichnet und vom Aufsichtsrathe mit den zugehörigen Anlagen, insbesondere den Belagexemplaren der Blätter, welche die Bekanntmachung der Einladung und die Tagesordnung enthalten, aufbewahrt.

§ 23.

Der Beschlußfassung der Generalversammlung unterliegen, außer den an anderer Stelle ausdrücklich in diesem Statut dahin verwiesenen Gegenständen, folgende Angelegenheiten:

1. die Abänderung und Ergänzung des gegenwärtigen Statuts;
2. die Auflösung und Liquidation der Genossenschaft;
3. die Genehmigung der Bilanz, die Entlastung des Vorstandes, die Vertheilung des Gewinns, die Deckung des Verlustes;
4. der Erwerb, die Veräußerung und Belastung von Grundeigenthum;
5. die Wahl der Mitglieder des Vorstandes und des Aufsichtsraths;
6. die Genehmigung der Verträge mit den Mitgliedern des Vorstandes über die denselben zu gewährenden Besoldungen und sonstigen Vergütungen, sowie über die von dem Kassirer und dem ersten Geschäftsführer zu leistenden Kautionen und die Bewilligung von Vergütungen an die Mitglieder des Aufsichtsraths für deren Mühwaltung:
7. die Enthebung der Mitglieder des Vorstandes und des Aufsichtsraths von ihren Aemtern;
8. die Verfolgung von Rechtsansprüchen gegen Mitglieder des Vorstandes und Aufsichtsraths, sowie die Wahl der Bevollmächtigten zur Führung von Prozessen gegen die Mitglieder des Aufsichtsraths;
9. die Einsetzung der nach § 35 vorgesehenen Revisions-Kommission und die Wahl der Mitglieder dieser Kommission;
10. die Bestimmung des Höchstbetrages, welchen sämmtliche die Genossenschaft belastenden Anlehen nicht übersteigen dürfen;
11. außerordentliche Ausgaben, welche den Betrag von . . . Mark übersteigen;
12. die Genehmigung der Geschäftsanweisungen für Vorstand und Aufsichtsrath;

13. Entscheidung auf die Berufung nicht aufgenommener oder ausgeschlossener Mitglieder;
14. die Entscheidung über alle gegen die Geschäftsführung und die Beschlüsse des Vorstandes und des Aufsichtsraths eingebrachten Beschwerden.

## D. Erlangung und Endigung der Mitgliedschaft.

§ 24.

Aufnahmefähig ist, wer sich durch Verträge verpflichten kann.

Zum Erwerb der Mitgliedschaft ist erforderlich: Aufnahme durch Vorstand und Aufsichtsrath und Ausstellung einer unbedingten schriftlichen Beitrittserklärung.

Dem Abgewiesenen steht die Berufung an die Generalversammlung offen.

§ 25.

Jeder Genosse hat das Recht, mittelst Aufkündigung seinen Austritt aus der Genossenschaft zu erklären.

Die Aufkündigung findet nur zum Schluß eines Geschäftsjahres statt und muß 6 Monate vorher schriftlich erfolgen.

Ein Genosse kann ausgeschlossen werden:

1. wenn er die statutenmäßigen Verpflichtungen nicht erfüllt, insbesondere mehr als 12 Monate mit den laufenden Beiträgen im Rückstande geblieben ist;
2. wenn er die Genossenschaft in Schaden gebracht hat oder sonst gegen deren Interesse handelt;
3. wenn über sein Vermögen der Konkurs eröffnet worden ist;
4. wegen Verlustes der bürgerlichen Ehrenrechte.

Gesellschaften sind auszuschließen, im Falle sie aufgelöst werden und keine Kündigung erfolgt ist.

Die Ausschließung erfolgt durch Beschluß des Vorstandes und des Aufsichtsraths.

Dem Ausgeschlossenen steht die Berufung gegen den Ausschließungsbeschluß an der Generalversammlung binnen 4 Wochen frei.

Von der Ausschließung ist der Genosse durch den Vorstand mittelst eingeschriebenen Briefes ohne Verzug zu benachrichtigen.

Von dem Zeitpunkt der Absendung des Briefes ab kann der Genosse nicht mehr an der Generalversammlung theilnehmen und nicht mehr Mitglied des Vorstandes und Aufsichtsrathes sein.

Im Falle des Todes eines Genossen gilt dieser mit dem Schlusse des Geschäftsjahres, in welchem der Tod erfolgt ist, als ausgeschieden.

Bis zu diesem Zeitpunkte wird die Mitgliedschaft des Verstorbenen durch dessen Erben fortgesetzt.

Für mehrere Erben kann das Stimmrecht in der Generalversammlung durch einen Bevollmächtigten ausgeübt werden.

§ 26.

Die Auseinandersetzung mit den ausgeschiedenen Genossen erfolgt auf Grund der Bilanz nach Maßgabe des Genossenschaftsgesetzes.

Der von dem Ausgeschiedenen zur Deckung eines nach Verlust der Geschäftsguthaben und Reserven verbleibenden Fehlbetrages zu zahlende Antheil wird nach Verhältniß der Haftsumme der Mitglieder berechnet.

§ 27.

Die Uebertragung des Geschäftsguthabens und das Ausscheiden aus der Genossenschaft nach der Bestimmung in § 76 des Genossenschaftsgesetzes ist unter Zustimmung von Vorstand und Aufsichtsrath gestattet.

## E. Rechte und Pflichten der Genossen.

§ 28.

Die Mitglieder der Genossenschaft sind berechtigt:
1. bei allen Beschlüssen und Wahlen in den Generalversammlungen zu stimmen und Anträge zu stellen;
2. nach der Bestimmung in § 18 des Statuts Generalversammlungen zu berufen;
3. von allen zur Erreichung der Genossenschaftszwecke getroffenen Einrichtungen der Genossenschaft nach Maßgabe der Bestimmungen dieses Statuts und soweit die vorhandenen Mittel dieses gestatten, Gebrauch zu machen;
4. nach den Bestimmungen in §§ 36 ff. dieses Statuts eine Dividende vom Reingewinn zu beanspruchen.

Jeder Genosse ist dagegen verpflichtet:
1. sofort nach der Erwerbung der Mitgliedschaft das in § 32 des Statuts vorgeschriebene Eintrittsgeld zu zahlen;
2. auf den Geschäftsantheil die in § 29 vorgeschriebenen Einzahlungen zu leisten;
3. diesem Statut, den Beschlüssen und dem Interesse der Genossenschaft nicht entgegen zu handeln;
4. für die Verbindlichkeiten der Genossenschaft dieser, sowie unmittelbar den Gläubigern der Genossenschaft nach Maßgabe der Bestimmungen des Gesetzes für Genossenschaften mit beschränkter Haftpflicht solidarisch bis zu der durch das Statut bestimmten Haftsumme zu haften.

## F. Geschäftsantheil der Mitglieder.

§ 29.

Der Geschäftsantheil jedes Mitgliedes wird auf 300 Mark festgesetzt.

Dieser Geschäftsantheil kann sogleich bei dem Eintritt voll eingezahlt oder nach und nach durch einzelne Einzahlungen ergänzt werden. In dem letzteren Falle müssen die Einzahlungen zum Mindesten monatlich 3 Mark betragen.

Bis zur Erreichung des Geschäftsantheils wird der dem Genossen zufallende Antheil am Reingewinn zurückbehalten und mit den auf den Geschäftsantheil geleisteten Einzahlungen in einem besonderen Konto dem Genossen gutgeschrieben.

Jedes Mitglied erhält ein besonderes Buch, in welchem die von ihm geleisteten Einzahlungen auf seinen Geschäftsantheil, die dem Geschäftsguthaben zugeschriebenen Gewinnantheile und die erfolgten Abschreibungen von dem Vorstande eingetragen werden.

Jeder Genosse kann mit mehreren Geschäftsantheilen sich betheiligen, aber mehr als 5 Geschäftsantheile sind nicht gestattet.

Die Betheiligung auf einen zweiten Geschäftsantheil ist unzulässig, bevor der erste Geschäftsantheil erreicht ist. Das Gleiche gilt von der Zulassung zu jedem weiteren Geschäftsantheil.

### G. Haftsumme.

§ 30.

Die Haftsumme wird auf 300 Mark festgesetzt.

Mit dem Erwerbe eines weiteren Geschäftsantheiles erhöht sich die Haftung eines Genossen auf das der Zahl der Geschäftsantheile entsprechende Vielfache der Haftsumme.

### H. Reservefonds.

§ 31.

Zur Deckung etwaiger Geschäftsverluste, welche nicht aus dem Geschäftsertrage des Rechnungsjahres gedeckt werden können, dient der Reservefonds.

Derselbe wird durch die nach § 32 des Statuts zu entrichtenden Eintrittsgelder neuer Mitglieder und die nach § 37 demselben zu überweisenden Antheile des Reingewinnes gebildet und soll allmählich bis zur Höhe von wenigstens 15 Prozent des Gesammtbetrages der Geschäftsguthaben angesammelt und nach Abschreibung von Verlusten wieder auf diesen Betrag gebracht werden.

Der Bestand des Reservefonds verbleibt der Genossenschaft bis zu deren Auflösung, und haben früher ausgeschiedene Mitglieder keine Ansprüche an demselben.

§ 32.

Das Eintrittsgeld der Mitglieder wird von Zeit zu Zeit durch Gesellschaftsbeschlüsse festgesetzt und bis auf Weiteres mit 10 Mark erhoben.

Dasselbe ist sofort bei Erlangung der Mitgliedschaft zu zahlen.

Die Wittwe oder ein Erbe eines verstorbenen Mitgliedes sollen von der Zahlung des Eintrittsgeldes befreit sein, wenn sie innerhalb 6 Monaten nach dem Todestage des Mitgliedes bei dem Vorstand den Antrag auf Aufnahme in die Genossenschaft stellen und als Mitglied aufgenommen werden.

### J. Rechnungswesen, Vertheilung des Gewinnes und Deckung von Verlusten.

§ 33.

Das erste Geschäftsjahr beginnt am . . . . . . . . . . und endigt am 31. Dezember . . . ., nach Ablauf desselben fällt das Geschäftsjahr mit dem Kalenderjahr zusammen. Sofort bei dessen Beendigung muß

1. der Bestand der vorhandenen Kassenvorräthe, Schulddokumente, Werthpapiere und die Bestände an Maschinen, Werkzeugen u. s. w. durch den Aufsichtsrath revidirt und festgestellt, sowie
2. mit dem Abschluß der Bücher vom Vorstand begonnen werden.

§ 34.

Die vollständige Jahresrechnung hat der Vorstand längstens bis Mitte März des folgenden Jahres dem Aufsichtsrathe vorzulegen, widrigenfalls dieser berechtigt ist, dieselbe unter seiner Aufsicht durch andere Personen auf Kosten des Vorstandes anfertigen zu lassen.

Die Rechnung muß enthalten:

1. eine Uebersicht sämmtlicher Einnahmen und Ausgaben innerhalb des Jahres nach den bei der Buchführung und Kontirung eingeführten Hauptrubriken;
2. eine besondere Gewinn- und Verlustberechnung;
3. die Bilanz über den Stand des Gesellschaftsvermögens (der Aktiva und Passiva) am Jahresschluß.

§ 35.

Die Prüfung der Jahresrechnung erfolgt durch den Aufsichtsrath, der sich die nöthigen Unterlagen dabei durch Einsicht der Bücher, Beläge, wie durch die nach § 33 von ihm vorzunehmende Inventur zu verschaffen hat.

Der Aufsichtsrath kann sich bei der Prüfung der Jahresrechnung der Beihilfe Sachverständiger bedienen; welche dafür eine von ihm festzusetzende Vergütung aus der Genossenschaftskasse erhalten.

Der Bericht des Aufsichtsraths über die Rechnungsprüfung ist der nächsten ordentlichen Generalversammlung zu erstatten, welche hierauf über die Entlastung des Vorstandes beschließt.

Erheben sich hierbei Bedenken gegen die Richtigkeit der Rechnung und die Prüfung des Aufsichtsraths, so kann die Generalversammlung, ohne daß der Antrag vorher auf die Tagesordnung gebracht war, eine besondere Kommission von drei Mitgliedern erwählen und diese mit der nochmaligen Prüfung der Rechnung beauftragen.

Dieser Kommission hat der Vorstand die Einsicht der Bücher und Schriften der Genossenschaft und die Untersuchung des Bestandes der Kasse, sowie der Bestände an Werth- und Handelspapieren, Maschinen u. s. w. zu gestatten und derselben jede verlangte Auskunft über die Angelegenheiten der Genossenschaft zu ertheilen.

§ 36.

Die Verwendung des Reingewinnes unterliegt der Beschlußfassung der Generalversammlung nach den folgenden Bestimmungen: Vom Reingewinn erhalten zunächst die Mitglieder eine Kapital-Dividende von höchstens 4 Prozent auf ihr Geschäftsguthaben, sodann werden die durch Verträge oder Beschlüsse der Generalversammlung zugesicherten Tantièmen vom Reingewinn berichtigt. Der hiernach verbleibende Ueberschuß wird, soweit die Generalversammlung denselben nicht dem Reservefonds zuweist oder zu Spezial-Reserven, Abschreibungen und sonstigen Zwecken über denselben verfügt, unter die Mitglieder nach Verhältniß der von ihnen für die Benutzung der Maschinen und Werkzeuge gezahlten Miethe vertheilt.

Die den Mitgliedern gewährten Dividenden werden dem Geschäftsguthaben zugeschrieben, so lange der Geschäftsantheil nicht erreicht ist, oder so lange ein durch Verlust vermindertes Guthaben nicht wieder ergänzt ist.

Bei der Berechnung der Dividende wird das Geschäftsguthaben jedes Genossen nur insoweit berücksichtigt, als es volle Mark beträgt und nicht erst während des Rechnungsjahres, um dessen Gewinnüberschüsse es sich handelt, eingezahlt ist, so daß nur die bis zum Schlusse des vorhergegangenen Geschäftsjahres ermittelten Geschäftsguthaben in Betracht kommen.

Wenn der Erbe eines verstorbenen Genossen Mitglied wird und das auf jenen entfallende Geschäftsguthaben der Genossenschaft beläßt, nimmt diese Einzahlung bei der Berechnung des Gewinnantheils an der Dividende des betreffenden Jahres theil.

§ 37.

So lange der Reservefonds noch nicht auf dem im § 31 festgesetzten Betrage angelangt ist, werden von dem Reingewinn vor dessen Vertheilung an die Mitglieder mindestens zehn Prozent abgezogen und dem genannten Fonds zugeschlagen, was ebenfalls geschehen muß, wenn derselbe durch Deckung von Geschäftsverlusten unter jenen Normalbetrag herabgesunken ist.

§ 38.

Die Deckung von Verlusten unterliegt der Beschlußfassung durch die Generalversammlung und Haftung der Mitglieder.

## K. Auflösung der Genossenschaft.

§ 39.

Die Auflösung der Genossenschaft erfolgt:

1. durch Beschluß der Generalversammlung;
2. durch Eröffnung des Konkurses über das Genossenschaftsvermögen;
3. durch Beschluß des Gerichts, wenn die Zahl der Genossen weniger als 7 beträgt;
4. durch Beschluß der im § 81 des Genossenschaftsgesetzes bestimmten Behörde und nach den daselbst gegebenen Vorschriften.

§ 40.

Die Liquidation erfolgt nach Maßgabe des Gesetzes.

Die Vertheilung des Genossenschaftsvermögens unter die Genossen geschieht nach Maßgabe des Gesetzes, die sich über den Gesammtbetrag der Geschäftsguthaben hinaus ergebenden Ueberschüsse werden jedoch nach Verhältniß der Haftsummen vertheilt.

§ 41.

Im Falle des Konkurses sind die von den Genossen zu leistenden Nachschüsse nach Verhältniß der Haftsummen zu leisten.

## L. Die Bekanntmachungen der Genossenschaft und die dazu bestimmten Blätter.

§ 42.

Alle Bekanntmachungen und Erlasse in Angelegenheiten der Genossenschaft, sowie die dieselbe verpflichtenden Schriftstücke ergehen unter deren Firma und werden von zwei Vorstandsmitgliedern unterzeichnet.

Die Einladungen zu den Generalversammlungen, insofern sie vom Aufsichtsrath ausgehen, erläßt der Vorsitzende des Aufsichtsraths mit der Zeichnung:

Der Aufsichtsrath d . . . . (Firma der Genossenschaft)

N . . ., Vorsitzender.

Zur Veröffentlichung ihrer Bekanntmachungen bedient sich die Genossenschaft des . . . . . Blattes.

Für den Fall, daß dieses Blatt eingehen, oder aus anderen Gründen die Veröffentlichung in diesem Blatte unmöglich werden sollte, tritt der „Deutsche Reichsanzeiger“ so lange an die Stelle dieses Blattes, bis für die Veröffentlichung der Bekanntmachungen der Genossenschaft durch Beschluß der Generalversammlung ein anderes Blatt bestimmt ist.

---

## 2. Geschäftsordnung

### für den Vorstand und Aufsichtsrath der Werkgenossenschaft der Tischler und verwandten Innungen zu Güstrow, e. G. m. b. H., nebst Betriebsordnung.

A. Der Vorstand.

§ 1.

Die Mitglieder des Vorstandes sind der Genossenschaft für die Erfüllung der ihnen im Nachstehenden auferlegten Pflichten verantwortlich.

§ 2.

Dieselben haben sich nach Bedürfniß gegenseitig zu unterstützen und in Behinderungsfällen zu vertreten.

§ 3.

Die Sitzungen des Vorstandes finden mindestens alle 14 Tage statt und es darf kein Mitglied ohne dringende Behinderung fehlen. Als dringende Behinderung gilt Krankheit oder Abwesenheit von Güstrow.

§ 4.

In den Vorstandssitzungen führt der Direktor den Vorsitz. Ueber die gefaßten Beschlüsse ist ein Protokoll zu führen. Stimmt ein Mitglied den gefaßten Beschlüssen nicht zu, so kann es seine entgegenstehende Ansicht zu Protokoll bringen lassen.

§ 5.

Die Tagesordnung der Sitzung bestimmt der Direktor. Der Vorstand hat folgende Angelegenheiten zu erledigen:

1. Die Vertheilung der Geschäfte unter die einzelnen Vorstandsmitglieder;
2. Anstellung und Entlassung des Werkführers und der Arbeiter;
3. Feststellung der Arbeitsordnung (Organisation) in der Werkstätte;
4. Anschaffung von Feuerungs- und Beleuchtungsmaterialien;

5. Anschaffung und Reparatur von Inventariengegenständen bis zum statutenmäßig bestimmten Werthe;
6. den Abschluß aller nöthigen oder vorgeschriebenen Versicherungen;
7. die eingegangenen Beschwerden der Mitglieder zu prüfen und zu erledigen;
3. ferner alle ihm statutenmäßig überwiesenen Geschäfte zu besorgen.

§ 6.

Die Vorstandssitzungen beruft der Direktor selbstständig.

§ 7.

Betrieb in der Werkstätte.

Den Betrieb in der Werkstätte leitet der Werkführer nach den Anordnungen des Vorstandes. Es ist darauf zu achten, daß er denselben strenge nachkommt und insbesondere die Aufzeichnungen der Maschinenarbeiten prompt besorgt.

Diese Aufzeichnungen müssen dem Geschäftsführer täglich zugestellt werden.

§ 8.

Buchführung.

Die Vorstandsmitglieder sind verpflichtet, folgende mit Seitenzahlen versehene Bücher zu führen:

a) das Hauptbuch,
b) die Kladde,
c) das Kassabuch,
d) das Geschäftsguthabenbuch,
e) das Schuld- und Guthabenbuch,
f) das Maschinenarbeitsbuch,
g) das Inventarbuch.

§ 9.

Alle Bücher sind auf die Dauer von 10 Jahren wohlgeordnet aufzubewahren. Hauptbücher, Bilanzen, Jahresberichte sollen niemals vernichtet werden.

§ 10.

Inventur- und Rechnungsabschlüsse.

Dem Vorstand liegen die ordentlichen und außerordentlichen Inventuraufnahmen und die Fertigstellung des Rechnungsschlusses ob. Er hat den Aufsichtsrath von der vorzunehmenden Inventur in Kenntniß zu setzen, damit dieser daran theilnehmen kann.

§ 11.

Ueber die Inventur ist ein Protokoll aufzunehmen und von allen anwesenden Mitgliedern des Vorstandes, sowie des Aufsichtsraths zu unterschreiben.

§ 12.

Der Rechnungsabschluß ist vom Vorstand längstens in 6 Monaten nach Ablauf des Jahres fertig zu stellen. Er muß von allen drei Vorstandsmitgliedern geprüft und unterschrieben dem Aufsichtsrath vorgelegt werden.

§ 13.

Der Geschäftsführer hat alljährlich einen möglichst ausführlichen Spezialbericht auszuarbeiten und dem Vorstande 8 Tage vor der Generalversammlung vorzulegen. Er muß enthalten:

a) Bericht über die Thätigkeit in der Werkstätte,
b) Mittheilungen über wichtige diesbezügliche Beschlüsse rc.,
c) Bericht über alle Maschinenarbeiten,

und mit den nöthigen Erklärungen versehen sein.

Besondere Bestimmungen I. für den Direktor.

§ 14.

Der Direktor hat die gesammte Geschäftsführung der Genossenschaft zu leiten und zu überwachen. Er ist verpflichtet, sich über alle Geschäfte und Arbeiten laufend zu unterrichten, etwa an ihn gelangende Beschwerden in vorgeschriebener Weise zur Erledigung zu bringen.

§ 15.

Der Direktor ist verpflichtet, mindestens monatlich eine Revision der Kasse und der Geschäftsbücher vorzunehmen.

§ 16.

Desgleichen muß er sich von der Geschäftsführung auf der Genossenschaftswerkstätte mindestens wöchentlich zweimal überzeugen, etwa vorhandene oder vorgefundene Mängel oder Unregelmäßigkeiten sofort abstellen oder je nach Art derselben, unter Zuziehung des Geschäftsführers, abstellen lassen, und sich von der Ausführung der Vorstandsbeschlüsse (vergl. § 5) überzeugen.

§ 17.

Dem Direktor liegen ferner alle diejenigen Angelegenheiten ob, die nicht ausdrücklich dem Geschäftsführer oder dem Kassirer übertragen sind.

a) Insbesondere hat er folgende Bücher zu führen bezw. führen zu lassen:
   1. das Hauptbuch,
   2. die Kladde,
   3. das Kopirbuch;
b) die Korrespondenz zu ordnen und zu bewahren;
c) die nach dem Statut nöthigen Anzeigen bei dem Gericht rc. zu erstatten und die Mitgliederliste zu führen;
d) den Geschäftsbericht zu erstatten;
e) die Zahlungen für die Kasse anzuweisen.

II. Für den Geschäftsführer.

§ 18.

Demselben liegt die spezielle Aufsicht über die Werkstätte ob. Er ist verpflichtet, für die Ausführung der Vorstandsbeschlüsse in Bezug auf diese Sorge zu tragen; insbesondere gehört die Erhaltung, Instandhaltung und sorgfältige, sachgemäße Behandlung der Maschinen zu seinem Ressort.

§ 19.

Der Geschäftsführer ist verpflichtet, den Betrieb in der Genossenschaftswerkstätte zu kontroliren und den Werkführer zur prompten, sachgemäßen Handhabung anzuhalten. Zu diesem Zweck muß der Geschäftsführer den Betrieb täglich mindestens einmal kontroliren. Wünschenswerth ist, daß diese Kontrole unregelmäßig geschieht, deshalb kann sie auch in Vertretung durch ein anderes Vorstandsmitglied ausgeübt werden.

§ 20.

Der Geschäftsführer hat den Werkführer zur prompten Ablieferung der von ihm gemachten täglichen Aufzeichnungen anzuhalten, damit die wöchentlichen Maschinenrechnungen rechtzeitig fertiggestellt werden können.

§ 21.

An ihn ergangene Beschwerden hat der Geschäftsführer sofort dem Direktor zur weiteren Veranlassung zuzustellen.

§ 22.

Der Geschäftsführer hat folgende Bücher zu führen oder führen zu lassen:

a) das Maschinenarbeitsbuch;
b) das Schuld- und Guthabenbuch;
c) er hat die wöchentlichen Maschinenlohnrechnungen und Beläge auszufertigen und dem Kassirer bis spätestens Dienstag einer jeden Woche zuzustellen;

## III. Für den Kassirer.

§ 23.

Derselbe hat folgende Bücher zu führen oder führen zu lassen:

a) das Kassabuch,
b) das Geschäftsguthabenbuch.

§ 24.

Er ist verpflichtet, für die rechtzeitige Einholung der Rechnungen Sorge zu tragen. — Die Stundung dieser Beträge ist statutenwidrig und nicht zulässig.

§ 25.

Er hat in Gemeinschaft mit dem Direktor für die Aufbewahrung der Bücher, Werthpapiere 2c. zu sorgen.

§ 26.

Auch hat er die Guthabenquittungsbücher der Genossen nach Genehmigung des Rechnungsabschlusses durch die Generalversammlung zu reguliren, die eingehenden Monatsbeiträge zusammenzurechnen, vorzutragen und nebst der Dividende dem Guthaben zuzuschreiben.

§ 27.

Der Kassirer hat sämmtliche Zahlungen an die Genossenschaft in Empfang zu nehmen, sofort zu buchen und aufzubewahren, sowie sämmtliche Zahlungen der Genossenschaft zu leisten. Zu Letzteren bedarf es jedoch, sofern sie nicht feststehende Zahlungen sind, die durch die Generalversammlung genehmigt sind, der Anweisung des Direktors.

§ 28.

Diese Geschäftsanweisung ist vom Aufsichtsrath und der Generalversammlung genehmigt und ist von den Vorstandsmitgliedern durch Unterschrift anzuerkennen.

Sie ist jedem Vorstands- und Aufsichtsrathsmitgliede in 1 Exemplar zuzustellen.

## B. Der Aufsichtsrath.

1. Die Einberufung aller statutenmäßigen Aufsichtsrathssitzungen erläßt der Vorsitzende selbständig.

2. Die Einberufung einer Sitzung des Aufsichtsrathes muß der Vorsitzende innerhalb 2 Tagen veranlassen, wenn mindestens 2 Mitglieder des Aufsichtsraths es beantragen, unter schriftlicher Angabe des Zweckes. Unterläßt der Vorsitzende die Einberufung, so können die beiden Mitglieder die Sitzung selbst einberufen, doch muß der Vorsitzende mit eingeladen werden.

3. Außer den im Statut bezeichneten Angelegenheiten muß der Vorsitzende eine gemeinsame Sitzung des Vorstandes und Aufsichtsrathes innerhalb 3 Tagen einberufen, wenn mindestens 2 Vorstandsmitglieder oder auch 2 Aufsichtsrathsmitglieder es beantragen, unter schriftlicher Angabe des Zweckes.

4. Sobald der Vorstand beim Vorsitzenden des Aufsichtsraths schriftliche Anzeige erstattet über Mängel in der Geschäftsführung oder Kassenverwaltung, hat derselbe davon sofort den übrigen Mitgliedern des Aufsichtsraths Kenntniß zu geben und eine Sitzung anzuberaumen.

5. Unterläßt der Vorsitzende die in 3 und 4 vorgesehene Einberufung, so können die übrigen Mitglieder des Vorstandes oder des Aufsichtsrathes die Sitzung selbständig einberufen, doch muß der Vorsitzende mit eingeladen werden.

## C. Betriebsordnung.

1. Jedem Genossen steht die Benutzung sämmtlicher Maschinen zu den tarifmäßigen Preisen und nachstehenden Bedingungen zu.

2. Die Reihenfolge der Arbeiten ergiebt sich aus der Anmeldung bezw. Einlieferung derselben, jedoch soll, wenn mehrere Genossen auf eine Maschine warten, die betreffende Maschine für den ersten nur einen Tag arbeiten. Dasselbe gilt alsdann auch für die folgenden, worauf die ursprüngliche Reihenfolge wieder eintritt. Kleinere, nicht über eine Stunde dauernde, gleichzeitig eingelieferte Arbeiten dürfen größeren vorgezogen werden, wenn hierdurch die letzteren ohne größere Unterbrechung fertiggestellt werden können.

3. Ohne Erlaubniß des Werkmeisters darf Niemand selbständig an den Maschinen arbeiten.

4. Auf den Maschinen kann auch für Nichtgenossen gearbeitet werden.

5. Die Genossenschaft läßt nach voraufgegangener Anmeldung beim Werkmeister die zu bearbeitenden Hölzer von den Betreffenden abholen und wieder hinbringen; die Gebühr dafür wird den Anmeldenden mit in Rechnung gesetzt.

6. Die Abfälle der bearbeiteten Materialien sind Eigenthum des betreffenden Besitzers, müssen jedoch sofort nach Beendigung der Arbeit abgeholt werden. Spätere Abholungen sind unzulässig.

7. Zahlungen sind unter keinen Umständen an den Werkmeister zu leisten, sondern lediglich an den Kassirer zu entrichten.

8. Nach Zustellung der Rechnung an denjenigen, der die Maschinen benutzt hat, ist der Betrag innerhalb 8 Tagen an den Kassirer zu entrichten.

9. Für denjenigen, welcher schuldige Beträge nach zweimaliger Aufforderung nicht beglichen hat, wird nicht eher wieder gearbeitet, als bis die Rechnungen beglichen sind.

10. Wenn ein Genosse sich im Werkraum eine Hobelbank aufstellt, so hat er wöchentlich 20 Pf. für Platzmiethe zu zahlen. Die von der Genossenschaft aufgestellten Hobelbänke stehen auf einige Stunden zum Zureißen und kleinen Hilfsarbeiten den Genossen unentgeltlich zur Verfügung.

11. Im Werkraum ist das Rauchen streng verboten, jedes Aufhalten der Arbeiter untersagt und den Anordnungen des Werkmeisters unbedingt Folge zu geben. Beschwerden gegen denselben sind beim Vorstande anzubringen.

12. Der Werkmeister hat die Aufsicht in der Genossenschaftswerkstatt. Er trägt die Verantwortung für die Maschinen, Materialien und Werkzeuge, und untersteht hierin direkt dem geschäftsführenden Mitgliede des Vorstandes. Er hat auch die Arbeiter anzuweisen und zu beaufsichtigen und ist für deren Thätigkeit und Verhalten verantwortlich.

13. Die Arbeiter in der Werkstätte haben ihre Befehle lediglich vom Werkmeister zu bekommen.

14. Ueber ihr Verhältniß zur Genossenschaft besagt die in der Werkstatt aufgehängte Arbeitsordnung das Nähere.

## X. Formulare für den Verkehr mit dem Gericht.*)

### 1. Schriftliche Anmeldung des Statuts.

An das Königliche Amtsgericht Xstadt, 3. April 1900.
Xstadt.

Wir melden die hierselbst durch Statut vom 2. März 1900 begründete Rohstoffgenossenschaft zu Xstadt, eingetragene Genossenschaft mit beschränkter Haftpflicht, behufs Eintragung in das Genossenschaftsregister an. In Gemäßheit des § 11 des Genossenschaftsgesetzes fügen wir bei:

1. das Statut der Genossenschaft im Original und in Abschrift;
2. eine Liste der Genossen;
3. eine Abschrift der Urkunden über die Bestellung des Vorstandes und des Aufsichtsraths.

Wir, die gewählten Vorstandsmitglieder, werden unsere Unterschrift zeichnen wie hierunter geschieht.

Karl Mettner. Heinrich Hübner. Franz Sauer.

Die vorstehenden, vor mir vollzogenen Unterschriften beglaubige ich.

(L. S.) (Unterschrift des Beamten.)
3. April 1900.

### 2. Einreichung der Beitrittserklärungen.

An das Königliche Amtsgericht Xstadt, 30. April 1900.
Xstadt.

Anliegend überreichen wir die Beitrittserklärungen der

1. Philipp Kraus, Tischlermeister,
2. Gustav Himmelreich, Tischlermeister, Beide zu Xstadt,
3. Adolf Kraus, Tapeziermeister zu Xstadt

behufs Eintragung in die Liste der Genossen.

Tischler-Werkgenossenschaft zu Xstadt, eingetragene Genossenschaft mit beschränkter Haftpflicht.

Karl Mettner. Heinrich Hübner.

*) Die Formulare sind mit geringen Abänderungen entnommen dem Formularbuch zum Reichsgesetz, betreffend die Erwerbs- und Wirthschaftsgenossenschaften, vom 1. Mai 1889 von Ludolf Parisius und Dr. Hans Crüger (Berlin, Verlag von J. Guttentag), dessen Benutzung den Verkehr mit dem Gericht nicht nur ungemein erleichtert, sondern auch vielfach zu Kosten-Ersparniß führt.

### 3. Einreichung der Kündigungen von Genossen.

An das Königliche Amtsgericht Xstadt, 10. Nov. 1900.
Xstadt.

Wir überreichen die Kündigungserklärungen der unter den beigefügten Nummern in die Liste der Genossen eingetragenen Mitglieder:

Nr. 6. Schuhmachermeister Hans Neumann zu Holzhausen,
Nr. 7. Schuhmachermeister Eduard Lehmann zu Xstadt,

behufs Eintragung in die Liste der Genossen.

Wir geben die Versicherung ab, daß die Aufkündigung in allen Fällen rechtzeitig erfolgt ist.

(Unterschrift wie bei Formular 2).

### 4. Einreichung des Ausschließungsbeschlusses.

An das Königliche Amtsgericht Xstadt, 10. Nov. 1900.
Xstadt.

Wir überreichen in Abschrift den Beschluß der Generalversammlung vom 7. Nov. 1900, durch welchen der Schlossermeister Karl Meier aus Xstadt, eingetragen unter Nr. 101 der Liste, ausgeschlossen wird, behufs Eintragung des Ausscheidens in die Liste der Genossen.

(Unterschrift wie bei Formular 2).

### 5. Anmeldungen von Wahlen von Vorstandsmitgliedern.

An das Königliche Amtsgericht Xstadt, 2. Januar 1900.
Xstadt.

Wir melden die in der ordnungsmäßig berufenen Generalversammlung vom 20. Dezember 1899 nach den Vorschriften des Statuts vollzogene Wahl der

1. Schneidermeister Karl Mettner,
2. Kaufmann Heinrich Hübner

zu Vorstandsmitgliedern unter Beifügung einer Abschrift des Wahlprotokolls behufs Eintragung in das Genossenschaftsregister an.

Aus dem Vorstande ausgeschieden sind

1. Ernst Meier,
2. Franz Müller.

Die Gewählten werden, wie hierunter geschehen ist, zeichnen

Schuhmacher-Rohstoffgenossenschaft zu X stadt, eingetragene Genossenschaft mit beschränkter Haftpflicht.

Karl Mettner. Heinrich Hübner. Franz Sauer.

Die vorstehenden, vor mir vollzogenen Unterschriften beglaubige ich.

(L. S.) (Unterschrift d. Beamten.)
2. Januar 1900.

FSC
www.fsc.org
MIX
Papier | Fördert gute Waldnutzung
FSC® C083411

Kolibri 360 GmbH
Ferdinand-Jühlke-Straße 7
99095 Erfurt, Deutschland
produktsicherheit@kolibri360.de